TAGEBUCH EINES BAUERNLEBENS

HEINZ SCHELLE

TAGEBUCH EINES BAUERNLEBENS

rosenheimer

FÜR TRAUDL UND FLORIAN

INHALT

EINLEITUNG

Hauptstaatsarchiv München, Lesesaal: Vor mir ein Stapel von Aktenbündeln, mit dem Staub von Jahrhunderten bedeckt: Steuerbücher, Klosterliteralien Ettal, Klosterfaszikeln Ettal, Salbücher, Gerichtsurkunden Werdenfels, Gerichtsliteralien. Ich blättere und lese: Der Pfleger von Werdenfels schreibt an den Abt von Ettal. Er beklagt sich bitter über den Klosterjäger Schrenck, der ihn ständig provoziere. Der Abt beschwert sich beim Kurfürsten über die Werdenfelser Fuhrleute: Beim Schmuggeln auf Schleichwegen am Ostufer der Loisach ruinieren sie die Felder der Gmain Au. Der Pfarrer von Garmisch berichtet dem Bischof von Freising, der Abt von Ettal habe ihn im Hause des Pflegers von Werdenfels wegen der Kirchengelder von Au »wie ein bissiger Hund angefallen« und übel beschimpft, daß »alle gegenwärtigen maul und augen aufgerissen«; zudem verleumde ihn der Konvent des Klosters bei jeder Mahlzeit. Nochmals der Abt: Die Werdenfelser verprügelten seinen Mair zu Au, als er im »feindlichen Ausland«, das heißt in der Nachbargemeinde Farchant, nach seinen Grundstücken sehen wollte. Die kurfürstliche Kanzlei untersagt es dem Bierzäpfler Andreas Neuner, einem Urgroßvater Ludwig Thomas, nochmals am Katharinentag für die Bauern von Au einen »Schmaus« abzuhalten. Der Auer Hufschmied Storff wird im Werdenfelsischen in Arrest genommen, weil er seine Schulden nicht beglichen hat.

Der Bischof, der Prälat, der Pfarrherr, die Beamten der kurfürstlichen Kanzlei, der Klosterrichter, der werdenfelsische Pfleger, sie alle schreiben und schreiben. Im umständlichen Briefstil des 18. Jahrhunderts umkreisen sie ihr Thema, bis sie zur Sache kommen, für uns Zeitgenossen des ausgehenden 20. Jahrhunderts oft eine wahre Geduldsprobe.

Was aber sagen die Fuhrleute zu den Vorwürfen, was die geschädigten Bauern, was die Zechpröbste, denen das Kirchengeld anvertraut war? Hat sich der Mair selbst in einem Brief beschwert? Klagt er über Verletzungen? Gibt es auch ein Schreiben des Klosterjägers, in dem er sich gegen die Vorwürfe wehrt? Hat der Wirt gegen die Verfügung protestiert? Nichts von alledem ist in den Akten zu finden. Dann haben Borst und Le Roy Ladurie also recht, wenn sie sagen: »Bauern haben keine Briefe geschrieben und nichts aufgezeichnet von ihrem Leben, ihren Sehnsüchten und ihren Ängsten« und behaupten, daß »der Historiker kaum jemals einem Bauern begegnet, der für sich selbst spricht«?

Gibt es über die einzelnen Bauern wirklich nicht mehr zu sagen als: »Er wurde geboren, er nahm ein Weib, er starb«? Ich will es noch nicht so ganz glauben. Ich möchte gerne wissen, wie sie gelebt, was sie gedacht haben, die Bauern des 18. Jahrhunderts, was sie geärgert und was sie bedrückt hat. Ich möchte es von ihnen selbst hören und nicht, vielfach gefiltert, vom Klosterrichter, vom Abt, vom Pfarrherrn.

Und ich suche weiter: Peter Lahnstein, »Das Leben im Barock«. Viele persönliche Briefe, Tagebucheintragungen, Erinnerungen, ein facettenreiches, farbiges Bild des Alltags vor zweihundertfünfzig Jahren, aber kein Brief, kein Bericht eines Bauern dabei.

Ein barocker Titel, ein Lichtblick: Arthur E. Imhof, »Die verlorenen Welten. Alltagsbewältigung durch unsere Vorfahren – und weshalb wir uns heute so schwer damit tun ...« Von der kleinen Welt des Johannes Hooss, Bauer aus dem nordhessischen Leimbach, wird erzählt: Kirchenbuchdaten, mit Einfallsreichtum, moderner Statistik und Computer aufbereitet, kombiniert und interpretiert. Johannes Hooss selbst aber bleibt stumm, wie viele Generationen von Bauern vor und nach ihm.

Dann kurze Freude: Das Tagebuch Ignaz Deglers aus dem oberbayerischen Weilheim. Die Enttäuschung kommt schnell: kein Bauer, sondern ein Künstler, Bildhauer.

Endlich, nach langem Suchen, das Zeugnis eines Bauern, das einzige: Der Näbis Uli, der »arme Mann im Tockenburg«, erzählt von seinem bösen Weib, von seiner Zeit als Geißenhüter, davon, wie er den preußischen Werbeoffizieren in die Hände fiel, von seinem mühsamen Leben.

Und langsam beginne ich zu begreifen, welcher Schatz mir da in die Hände gefallen ist mit den »Wahrhaften Nachrichten der merkwirdigsten Begebenheiten aus dem Daisenbergischen Hause seit dem Jahre 1765«. Michael Daisenberger der Ältere und Michael Daisenberger der Jüngere, Vater und Sohn, Bauern zu Au unterm Kienberg, dem heutigen Oberau im Landkreis Garmisch-Partenkirchen, damals Grenzort zur alten Grafschaft Werdenfels, haben sie zu Papier gebracht. In den Wintermonaten wahrscheinlich, beim Schein des Kienspans, haben sie 38 Jahre in ein kleines schwarzes Büchlein geschrieben, was sie bewegt hat. Sicher kein Stück der Weltliteratur, aber ein einzigartiges Zeugnis bäuerlichen Lebens im Oberbayern des 18. Jahrhunderts.

Die Daisenbergers schreiben kurze Sätze, ein einfaches und klares Deutsch, gelegentlich mit Dialektausdrücken durchsetzt. Ihre Sprache hebt sich wohltuend von dem umständlichen und weitschweifigen Kanzleideutsch ihrer Obrigkeit ab. Vater und Sohn erzählen niemals in der Ichform, sondern immer nur in der dritten Person. Die Aufzeichnungen enthalten keine Sensationen, sondern berichten in schlichten Worten über das, was die Familie bewegt hat: steigende Getreidepreise, Unwetter, Schwierigkeiten mit Knechten und Mägden, Einquartierung von Soldaten, Erfolge und Probleme bei der täglichen Arbeit, Geburten, Hochzeiten, Krankheit und Tod.

Ein Ortsgeistlicher hat das Büchlein, das heute verschollen ist, vor etwa 60 Jahren entdeckt und eine Abschrift davon gemacht. Er schreibt über seinen Fund: »Es war eine besonders günstige Fügung, daß ein späterer Sohn dieses Geschlechts (gemeint ist die Familie Daisenberger) beim Wegzug vom Schmiedbauer in Oberau, wo er als Knecht diente, eine Chronik des Daisenbergerhofs als alten Kram zurückließ, die vom verständigen Sinn des Finders aufbewahrt und als wertvollster Bestand dem Archiv der katholischen Expositur übergeben wurde.«

Der Entdecker, Expositus Rusch, hat die Aufzeichnungen in den dreißiger Jahren in einer Lokalzeitung veröffentlicht und mit einigen wenigen Kommentaren versehen – bis heute nur von wenigen beachtet und zur Kenntnis genommen.

Nach und nach lese ich die »Wahrhaften Nachrichten«, die ich schon so oft gelesen habe, mit ganz anderen Augen. Und immer wieder ergreifen mich die wenigen traurigen Sätze, die der junge Bauer nach der Beerdigung seines kleinen Sohns am ersten Weihnachtsfeiertag niederschreibt. Ich frage mich, ob ich die »gewaltigen Schmerzen«, die der krebskranke alte Bauer im Austrag ohne jedes Schmerzmittel fast ein Jahr erdulden mußte, auch nur einen Tag ertragen hätte. Ich habe etwas Mitleid mit Benedikt, dem ältesten Sohn, der von der ihm zugedachten Hochzeiterin einen Korb erhalten hat, und freue mich über das kurze Glück des jungen Michael und seiner Katharina. Ich versuche mir vorzustellen, wie hart und entbehrungsreich das Leben dieser Bauern war, die viele hundert Kilometer im Jahr zu Fuß zurücklegen mußten, um Holz und Gips zu verkaufen. Die viele Stunden des Jahres bei Wind und Wetter auf ihren Flößen verbrachten. Die bei klirrender Kälte im Steinbruch den Gipsstein brachen und im Bergwald das Holz einbrachten. Die Tagesmärsche auf sich nahmen, um in den Klosterapotheken der Gegend Medikamente für kranke Familienangehörige zu holen. Ich lese, wie der alte Daisenberger in seiner Sterbestunde in der niedrigen Stube alle seine Angehörigen um sich versammelt hat, um von ihnen Abschied zu nehmen. Und ich denke daran, welchen Verlust an Menschlichkeit und Wärme wir erlitten haben, die wir unsere Todkranken in die Intensivstationen der Krankenhäuser einliefern und, umgeben von Apparaten, einsam sterben lassen.

Die Daisenbergers reden nicht lange um den Brei herum, keine umständliche Vorrede, kein ständiges Wiederholen des Sachverhalts, knappe und präzise Sätze: »Dieses Jahr wurde die Straße von uns biß nach Hechendorf neu erhoben, hat aber die Bauern vill Arweith gekostet«. (Ch) Punktum. Keine Klagen über das Kloster, das diese Arbeit einforderte, keine Beschwerde, daß in dieser Zeit die Arbeit auf

Alter Dorfkern von Au mit dem Daisenbergerhof im Hintergrund rechts; um 1905

dem Hof, im Wald, im Gipsstampf und im Bruch liegenblieb. Oft eine Wortkargheit und Distanz zu den Ereignissen, die mich etwas ärgert, weil ich gern mehr gewußt hätte. Nur wenn sie etwas wirklich im Innersten bewegte, erzählen sie ausführlich und lassen sie uns etwas von ihrer Betroffenheit spüren. Oder von ihrer Freude, wenn es einmal ausnahmsweise keine Probleme mit den Ehalten gab, die Kinder gesund und munter waren oder die Teilung der gemeinsamen Wälder nach langem Hin und Her dann endlich doch gelungen war.

Auch von ihrer täglichen Arbeit im Gipsbruch, im Bergwald, bei der Flößerei und in der Landwirtschaft berichten sie nur sehr zurückhaltend. Ob sie es je erfahren haben, daß ein Knecht, der fünf Jahre lang auf dem Hof lebte, gerade davon ausführlich erzählt hat? Johann Georg Prändel, später Novize bei den Augustinerchorherrn, dann Professor für Mathematik und Ehrenmitglied der Bayerischen Akademie der Wissenschaften, hat viele Jahre nach seinem Weggang von Au über die Arbeit auf dem Hof im oberen Loisachtal in einem Lehrbuch der Landwirtschaftskunde, das sich an manchen Stellen wie ein Mathematikbuch liest, und in einigen Zeitschriftenartikeln so genau berichtet, wie man sich das nur wünschen kann.

Für den wissensdurstigen Geschichtsforscher freilich immer noch zu wenig. Weitere Quellen müssen helfen: Übergabebriefe und Heiratskontrakte, die Geburten-, Heirats- und Totenbücher der Pfarrei Garmisch, Steuerregister, Hofbeschreibungen, alte Kataster, Säkularisationsakten und alles, was uns sonst noch vom schreibfreudigen 18. und beginnenden 19. Jahrhundert über den engeren Lebenskreis der Daisenbergerischen überliefert ist. Einiges, wenngleich wenig, auch vom Enkel und Sohn der beiden Familienchronisten, vom Geistlichen Rat Joseph Alois Daisenberger, dem Gestalter der Oberammergauer Passionsspiele. Alles in allem ein recht detailliertes und farbiges Bild von einer längst verlorenen Welt.

Sie war ganz sicher weniger hektisch, und vermutlich waren die Beziehungen zur Obrigkeit nicht so kalt und sachlich wie heute, sondern eher patriarchalisch, »väterlich«. Andererseits: Ein armseliges, gedrücktes Dasein, immer vom Elend bedroht, ein Leben ohne Renten- und Krankenversicherung, ein Leben in Angst vor einem ungesicherten Alter und vor Gebrechlichkeit. Zwar nicht für die Daisenbergers, doch für die Kleinhäusler, Inleute und ältere Ehalten um sie herum. Aber auch für die Daisenbergers: Ein gefährdetes Leben, ausgefüllt mit schwerster körperlicher Arbeit und ständig bedroht von Epidemien, Viehseuchen, Dürren, Überschwemmungen und schließlich auch noch von der Willkür der Soldateska. Ein Leben mit oft nur kurzer Freude an den Kindern, für manche ein Leben von ständigen Schmerzen begleitet. Ob es eine »gute« oder »schlechte, alte Zeit« war, mag der Leser selbst beurteilen.

Zitate aus der Chronik der Familie Daisenberger sind mit »Ch«, solche aus den Erinnerungen des Knechts Prändel mit »P« gekennzeichnet.

EINE FAMILIE STELLT SICH VOR

Michael Daisenberger der Ältere beginnt 1765 mit seinen Aufzeichnungen. In den ersten Sätzen, die er zu Papier bringt, stellt er seine Familie vor:

»Wahrhafte Nachrichten der merkwirdigsten Begebenheiten in dem Daisenbergischen Hause seit dem Jahre 1765. In diesem Jahre bestunden die Hausgenossen bey uns in folgenden Personen: Michael Daisenberger war der Vater und der Baur. Maria hieß die Mutter und war schon 16 Jahre hier. Die lebenden Kinder waren diese: Maria Katarina, 14 Jahre, Benedikt 11, Michael 9, Maria Anna 5 und Maria Rosina 2 Jahre alt. Es lebte auch des Vaters seine Mutter noch zu Anfang des Jahres, sie hieß Rosina, starb aber den 3. April im 77. Jahr ihres Alters, war ein verständig und rechtschafen Weib. Die zwey Knechte und die Dirn waren schon voriges Jahr da. Der Oberknecht hieß Sebastian Puchwißer, der kleine Knecht Martin Klöck, waren bede von Grainau. Die Dirn Maria Daisenberger war hier zu Au gebürtig.« (Ch)

Eine Drei-Generationsfamilie also, zumindest für kurze Zeit, mit zwei Knechten und einer Magd und mit fünf Kindern, die im Abstand von zwei bis vier Jahren zur Welt gekommen waren. Alle fünf erreichten das Erwachsenenalter, im 18. Jahrhundert wahrhaft keine Selbstverständlichkeit.

Was war das für eine Familie? Waren es dumpf dahinvegetierende, raufende und saufende, stumpfsinnige, analphabetische, abergläubische Bauern, die von der geistlichen und weltlichen Obrigkeit dumm gehalten und unterdrückt wurden? Schenkt man den offiziellen Berichten der damaligen Zeit und älteren historischen Quellen Glauben, dann muß es wohl so gewesen sein. Der Generallandesdirektionsrat und Statistiker Joseph von Hazzi, der noch vor der Aufhebung des Klosters Ettal im Jahre 1803 durch das Gebiet kam, faßt seine Eindrücke von der Bevölkerung so zusammen: »Daß Trinken, Raufen und Bigotismus noch die Hauptkarakterzüge bei diesen Bewohnern sind, mag so ziemlich in den ganz vernachlässigten Schulen . . . seinen Grund haben«.

Selbst ein so abwägender und vorsichtiger Mann wie der Wirtschaftshistoriker Friedrich Lütge, dessen Vorlesungen ich noch besucht habe, relativiert zwar sein Urteil und redet nicht ganz so grob über die Bauern, aber sehr positiv ist es auch nicht gerade, was er schreibt: »Wenn in der zeitgenössischen Literatur immer wieder auf die Unbildung und die gänzliche Unwissenheit der Bauern, ihre ausgesprochene Abneigung gegen Neuerungen und ihr Mißtrauen gegen jeden Versuch, ihnen auch nur im Guten zuzureden, hingewiesen wird, dann liegt darin an sich kein Tatbestand, der speziell für Bayern zutrifft: überall in Deutschland werden die gleichen Klagen laut. Aber man gewinnt doch wohl den Eindruck, daß sie für Bayern von besonderer Berechtigung sind. Man wird bei gerechter Würdigung des Gewichts dieser Klagen allerdings berücksichtigen müssen, daß ihnen die schulfreudige Auffassung des 18./19. Jahrhunderts zugrunde liegt, die leicht geneigt ist, Bildung mit Schulbildung zu identifizieren, was ja nicht gut angängig ist. Tatsache ist jedoch, daß man noch ausgangs des 18. Jahrhunderts nur selten auf Bauern trifft, die lesen und schreiben können: dazu sind die Schulen, soweit vorhanden, in einem viel zu schlechten Zustand. Wo ein Bauer diese verdächtigen Künste beherrscht und davon Gebrauch macht, sind die staatlichen Organe . . . mißtrauisch«.

Daß das Urteil von Hazzis und auch Lütges zumindest für die Familie Daisenberger völlig falsch ist, läßt sich schnell beweisen. Aber da könnte einer sagen: Das war eben gerade die Ausnahmefamilie, die die Regel bestätigt.

Eine Ausnahme war die Familie in einem Punkt sicher: In kaum einem anderen bäuerlichen Haushalt der Gegend werden wohl zu jener Zeit Aufzeichnungen gemacht worden sein. Dennoch: Was die wirtschaftliche Tüchtigkeit und den Unternehmergeist betrifft, waren sie in ihrer Gegend keine

Ausnahme. Ganz im Gegenteil: Es gab Familien, die noch weit erfolgreicher waren als die Daisenbergers. Man braucht nur hineinzuschauen in die Chroniken der benachbarten Orte Farchant, Eschenlohe, Ohlstadt, Unterammergau, Mittenwald, Garmisch und Partenkirchen, um zu sehen, zu welchen Leistungen diese Menschen fähig waren, die der karge Gebirgsboden nicht ernährte und die gezwungen waren, in anderen Gewerbezweigen oder in der Fremde ihr Auskommen zu finden. Viele von ihnen starben weit weg vom Loisachtal, in Skandinavien, Polen, Ungarn, Böhmen und Rußland.

Je mehr ich mich mit der Familie Daisenberger beschäftigt habe, um so mehr habe ich mich gewundert, wie aufklärerischer Fanatismus und Vorurteile auch einem intelligenten Mann wie Hazzi und sogar der zeitgenössischen Forschung den Blick trüben konnten. Hatte der Herr Generallandesdirektionsrat während seines Aufenthalts im Klostergericht Ettal nichts gehört von den Buchwiesers und Kirchmayrs aus Farchant, die in Bremen und Berlin Handelskompagnien gegründet haben, von den Familien Schretter und Hohenleitner, die in Cadix eine Firma hatten und Geschäftsbeziehungen bis Lima pflegten, war es ihm entgangen, daß es in Eschenlohe erfolgreiche Buchverleger gab, wußte er nichts von den weitgespannten Handelsbeziehungen der Mittenwalder Geigenbauer und Oberammergauer Holzschnitzer, von den blühenden Geschäften der Ohlstädter und Unterammergauer Wetzsteinmacher?

Eine öffentliche Schule hat in der Tat keines der Familienmitglieder besucht. Sie haben sich ihr eigenes Schulsystem errichtet, ohne Lehrpläne und Curricula, einfach und ganz an den Bedürfnissen des Alltags orientiert und offensichtlich doch ganz effizient. Joseph Alois Daisenberger berichtet später, daß von »kinderfreundlichen Bauern des Ortes oder von gedungenen Schulmeistern, die je auf einen Winter bestellt waren, Schule gehalten« wurde. Diesen Unterricht auf dem Hof besuchten sogar Verwandte aus dem weit entfernten Wolfratshausen, wie der achtjährige Franzl Schöttl, den seine Mutter im Winter nach Au gebracht hatte, »mit bitt selben auch anzunehmen und in die Schule gehen zu lassen«. (Ch)

Besonderer Wert wurde auf das Rechnen gelegt, wie später ein staatlicher Schulkommissar mit Befriedigung feststellte. Bei den vielfältigen gewerblichen Tätigkeiten, denen die Angehörigen der Familie nachgingen, war das auch dringend notwendig, wollte man von den weltgewandten durchfahrenden Fuhrleuten und den Händlern in München nicht übers Ohr gehauen werden. Es kam dann auch nicht ganz von ungefähr, daß dem Knecht Prändel, von dem schon die Rede war, auf dem Oberauer Bauernhof ein damals sehr bekanntes Lehrbuch der Mathematik in die Hände fiel. Ja es deutet sogar einiges darauf hin, daß die Familie geradezu lesewütig war: Die mündliche Überlieferung berichtet, daß später, als der Hof an andere Besitzer überging, eine ganze Wagenladung von Büchern aus dem Haus getragen wurde. Wenigstens der alte Daisenberger muß ein sehr belesener Mann gewesen sein, sonst hätte ihn der Pfarrer von Garmisch in seinem Nachruf im Totenbuch sicher nicht als gebildet bezeichnet, ein Attribut, das für einen Bauern der damaligen Zeit doch recht ungewöhnlich ist.

Aber schauen wir einmal nicht auf die Schulbildung, sondern beurteilen wir die Daisenbergers nach ihren Leistungen im damals sehr rauhen Alltag: Die Familie war in vier Gewerbezweigen tätig: Sie betrieb die Landwirtschaft, brach, stampfte und brannte Gipsstein, spannte mit den Pferden den Wagen der Fuhrleute auf der steilen Kienbergstraße vor und verflößte Holz aus eigenen Waldungen und gekauftes Holz auf der Loisach nach München. Es nötigt einem heute noch hohen Respekt ab, wenn man sieht, wie sie es bewerkstelligten, alle vier Betriebsbereiche, die unterschiedliche saisonale Höhepunkte hatten und z.T. auch einer wechselnden Konjunktur unterlagen, unter einen Hut zu bringen, und wie schnell sie z.B. reagierten, als sich nach einer Brandkatastrophe eine Marktchance für gebrannten Gips bot. Das Gemälde, das Michael den Jüngeren mit einem an ihn adressierten Brief in der Hand zeigt, vermittelt uns dann auch nicht den Eindruck eines demütigen und ein-

Michael Daisenberger der Jüngere, 1758 bis 1801

fältigen Untertanen, sondern zeigt einen selbstbewußten Mann, der eher einem Gelehrten als einem schwer arbeitenden Bauern ähnelt. Nachbarn wie der Hämmerl und der Wirt zum Unternberg, etwas später aber auch alle anderen Bauern des Ortes, standen ihnen nicht viel nach. Von »gedrückten wirtschaftlichen Verhältnissen« konnte jedenfalls keine Rede sein.

Wenn die Familie im kleinen Au unterm Kienberg unter den vierzehn Bauern auch sicher eine herausgehobene Stellung innehatte, so war doch andererseits der Abstand zu den übrigen Bauern, was Bildung und Wohlstand betraf, nicht so groß, daß man die Daisenbergers als Ausnahmeerscheinung ansehen müßte. Auch die übrigen Bauern des Ortes konnten – im Gegensatz zu den Leersöldnern im Ort, die noch weit in das 19. Jahrhundert hinein mit zwei Kreuzen unterzeichneten – lesen und schreiben. Auch die anderen waren mit ihren Flößen unterwegs, mußten sich beim Handel in der Stadt bewähren und hatten häufig Kontakt mit weitgereisten Fuhrleuten.

Die Familie Daisenberger und viele Familien um sie herum sind ein Beispiel dafür, daß die »Charakterisierung des Bayern des 18. Jahrhunderts als eines geistig und kulturell rückständigen und stagnierenden Landes, dessen Bevölkerung bar jeder Bildung, von Klerisei verdummt und im Aberglauben befangen, dahindämmerte, nicht der objektiven, historischen Wirklichkeit entspricht«. Diese und die folgende Einschätzung Stutzers der bayerischen Bauern der damaligen Zeit trifft für die Familie Daisenberger jedenfalls zu: »In den Lebens- und Wirtschaftsfragen, die den bayerischen Bauern ... um 1800 angingen, hatte er einen Bildungsstand, von dem man sich in der aufklärerischen und modernistischen Überheblichkeit des späteren 19. Jahrhunderts und der Gegenwart keine Vorstellung macht.«

Das Dorf umfaßte zwei Ein-Drittel-, drei Ein-Viertel-, vier Ein-Sechstel-, drei Ein-Achtel- und zwei Ein-Zwölftel-Höfe, daneben noch fünf Bloßhäusler ohne Grund, deren Besitz auf einen Hoffuß von einem Zweiunddreißigstel geschätzt wurde. Eine bäuerliche Oberschicht, zu der Fried nur die Ganz- und Halbhöfler zählt, gab es also gar nicht und im ganzen Klostergericht Ettal mit seinen 947 Anwesen nicht in nennenswertem Umfang. Gemessen am Hoffuß (wie wir später noch sehen werden, eine recht problematische Größe), gehörte die Familie mit ihrem Ein-Viertel-Hof zum oberen Viertel der Bauern, die insgesamt ziemlich genau die Hälfte der Hoffußsumme auf sich vereinten.

Natürlich gab es innerhalb der Gruppe der Familien mit Grund und Boden Unterschiede im Ansehen und im Einfluß in der »Gmain«. So war etwa der »Spamer« mit seinem Ein-Zwölftel-Anwesen und einer wahrscheinlich nicht sehr einträglichen Krämersgerechtigkeit in der »Hackordnung« ziemlich weit unten. Dagegen erfreuten sich die Mitglieder der Familie Daisenberger eines besonderen Prestiges. Michael der Jüngere war Gemeindevierer, und in dieser Position oblag es ihm unter anderem, von den Werdenfelsern, mit denen die Auer über Jahrhunderte immer wieder Auseinandersetzungen hatten, Geld einzutreiben. Übrigens

Dorf Au mit Filialkirche St. Georg; um 1650

ein aussichtsloses Unterfangen. Benedikt war zur Zeit der Säkularisation Gemeindevorsteher und mußte die Interessen der Bauern vor dem Säkularisationskommissar wahren.

Das wichtige und einflußreiche Amt des Zechprobstes, der die Gelder der Kirchenstiftung verwaltete und Kredit gewährte, war immer wieder in der Hand der Sippe der Daisenbergers, deren Mitglieder im Dorf auch noch auf zwei anderen Höfen saßen.

Solche Ämter waren aber nicht unbedingt an eine bestimmte Hofgröße geknüpft. Auch der Inhaber eines Ein-Sechstel-Hofs oder eines Ein-Achtel-Anwesens konnte im Dorf eine solche Stellung einnehmen. Auch für die Eheschließung gab es innerhalb der Familien mit Grundbesitz keine unüberwindlichen Schranken. Ein Mädchen aus einem Hof mit einem kleineren Hoffuß konnte durchaus in ein größeres Anwesen einheiraten. Die Daisenbergers bildeten somit bei allen Einkommensunterschieden und internen Reibereien, die es natürlich gab, mit den übrigen 13 eingehöften Familien, denen sie fast allen verwandtschaftlich oder durch Taufpatenschaften verbunden waren, eine recht gleichmäßig zusammengesetzte Schicht. Durch einmütiges Handeln in kritischen Situationen, zum Beispiel bei der Anhörung durch den Säkularisationskommissar von Thoma, oder als es im 19. Jahrhundert darum ging, ein Absatzkartell für die Gipsproduktion zu gründen, bewiesen sie das auch immer wieder.

Große Distanz hielten die Bauern aber zu den Bloßhäuslern. Diese Gruppe gab es im Ort erst seit etwa hundert Jahren. Man hatte ihnen die Erlaubnis zur Ansiedlung erteilt, weil entweder das Kloster tüchtige Arbeiter einstellen mußte, wie etwa den Schmied Samson Härtl aus Rattenberg in Tirol, oder weil die Bauern selbst für ihr Gewerbe Leute brauchten wie die Daisenbergers selbst, die eine Bloßhäuslerfamilie, die Streitls, im Gipsstampf beschäftigten. Die Bloßhäusler waren das, was man heute unterprivilegiert nennen würde. Sie gehörten nicht zur Gmain, das heißt zum Kreis der Wald- und Weideberechtigten. Sie hatten keine Ämter und keinen Einfluß in der Selbstverwaltung der Nutzungsberechtigten. Auch bei der Verwaltung der Kirchenstiftungsgelder konnten sie nicht mitreden. Ihr Bildungsgrad war gering. Die Kinder im Winter durch einen Schulmeister unterrichten zu lassen, wie die Daisenbergers das taten, konnten sie sich nicht leisten. Viel hätte das im 18. Jahrhundert wohl auch nicht gebracht. Ohne Grundbesitz war sozialer Aufstieg allenfalls möglich, wenn man die geistliche Laufbahn einschlug. Die Bauern hatten ihren Standesstolz und ließen die Habenichtse den sozialen Unterschied wie überall in Altbayern sehr deutlich spüren. Sie ließen keinen Zweifel daran, wer im Dorf das Sagen hatte. Seit 1762 war es auf Grund staatlicher Verordnung der Willkür der Gmain überlassen worden, ob sie es den Häuslern gestatten, eine Kuh oder Ziege zu halten. Man hatte es ihnen zwar erlaubt, erinnerte sie aber später in einem sehr unfreundlichen und herablassenden Schreiben, daß sie noch nie rechtlich befugt waren, auch nur ein Stück Hornvieh, also Kuh oder Ziege, auf die Weide zu treiben. Und es heißt weiter: »So wird Ihnen von heute an eben kein Recht hierzu erteilt, sondern angewiesen, daß diese etwaige Erlaubnis nur ein guter Wille der Gemeinde sey«.

Auch im Fall der Holznutzungsrechte zeigten die Bauern den Hungerleidern, wo der Bartl den Most holt und welche Meinung sie von ihnen hatten. In der Säkularisation hatten die Bloßhäusler zwar vom Staat – nicht von den Bauern, wie diese überheblich behaupteten – Holznutzungsrechte bekommen, sie durften aber nur so viel schlagen, wie sie für ihren persönlichen Bedarf brauchten. In einem Protokoll, das die Inhaber der Sternguckerhäuschen gar nicht lesen konnten, hatte man ihnen in diesem Zusammenhang mitgeteilt, daß man sie mit Holzrechten »gnädig bedacht hatte«, weil sie »bey ihrer erdrückenden Armut durch notgedrungene Dieberey anderenfalls sich das Holz bei anderen holen würden«.

Vielleicht war man im Alltag etwas freundlicher zueinander, mußte es wohl auch sein, wenn man die Besitzlosen, wie es bei den Daisenbergers der Fall war, als ständige Kraft im Gipsstampf dringend benötigte. Am Wirtshaustisch freilich hörte die Freundlichkeit schon wieder auf. Wagte es ein Kleinhäusler in einem Anflug von Kühnheit wirklich einmal, sich am Sonntag nach der Kirche an den Bauerntisch zu setzen, konnte er die Frage: »Wer is denn des?« hören.

Das heute noch erhaltene Anwesen der Daisenbergers, im uralten Kern des Ortes gelegen und im damals ständig von Überschwemmungen bedrohten Loisachtal vor Hochwasser einigermaßen sicher, wird in einem Salbuch aus dem 15. Jahrhundert, das vermutlich 1721 kopiert und zum Teil ergänzt wurde, genau beschrieben. Inhaber war damals Christoph Daisenberger, der zweite Bauer mit diesem Namen, der auf dem Hof urkundlich verbürgt ist. Von ihm heißt es in dem dicken Folianten, in dem die riesigen Besitztümer des Klosters Ettal aufgezeichnet sind:

»Besitzt ainen halben Hoff zue freystüfft darein gehören nachvolgende Stuckh: Erstens Haus, Hof, Stadl, Stallungen, ain Casten (Getreidespeicher und Geräteschuppen) in einem mit Maur eingefangenen Gärtlein, darin etliche obstpäum. Item ain Padtstuben, dann noch zway Paumgärtlein sind mit Zaun beschlossen. Sind alle drey aines halben tagwerchs groß.«

Die Rechtsform der Freistift ist für den Daisenbergerhof also schon früh beurkundet. In einer späteren Hofbeschreibung aus dem Jahre 1671 ist dann von »veranleiteter Freistift« die Rede. Formaljuristisch gesehen war dies das schlechteste Besitzrecht, denn der Grundherr hatte die Möglichkeit, den Bauern »abzustiften«, ihm also das Besitzrecht zu kündigen und den Hof an einen anderen Bewirtschafter zu verleihen. Er mußte dann allerdings sämtliche Investitionen, die der Bauer bis zu diesem Zeitpunkt auf dem Anwesen getätigt hatte, zum Marktwert vergüten. In der Praxis sah es freilich so aus, daß die Grundherrn vom Recht der Abstiftung so gut wie nie Gebrauch machten. Für Au unterm Kienberg, das nahezu ein halbes Jahrtausend unter ettalischer Herrschaft stand, ist überhaupt kein derartiger

Fall bekannt. Die Daisenbergers, die etwa im ersten Drittel des 16. Jahrhunderts in das Anwesen der alteingesessenen Familie Koch eingeheiratet hatten, saßen jedenfalls bis zur Säkularisation im Jahre 1803 schon in der achten Generation auf dem Anwesen. Der Satz, den Georg Daisenberger, der Urgroßvater von Michael dem Älteren, im Jahre 1671 zu Protokoll gibt und der sich auch in den Protokollen der anderen Bauern findet, ist also wohl nur eine Floskel: »Habe gleichfalls . . . veranleithe freystift, hoffentlich außer ursach ohne abstiftung«. Faktisch war damit die Rechtsform der Freistift für den Bauern genauso sicher wie die des Erbrechts, sie hatte aber noch den zusätzlichen Vorteil, daß die Laudemien (Erbschaftssteuer) beim Übergang des Hofes vom Vater auf den Sohn geringer waren.

In der Hofbeschreibung werden detailliert alle Grundstücke aufgeführt, die die Ettaler an die Familie freistiftsweise vergeben hatten. Das war nicht allzu viel. Der Talboden zwischen dem Estergebirge im Osten und dem Mühlberg im Westen bot damals wie heute nur wenig landwirtschaftlich nutzbare Fläche. Zwei kleine Äcker, ganz in der Nähe des Hofes, im Winkelfeld, der erste »ain Viertel Juchart« (Tagwerk) groß, »entzwischen Jacob Ruezens und Gregory Mayrs Grund, ligt oben an der Landstrass, unten an dem feldtzaun«, der zweite, »ain halbs Viertl Juchart inmitten Nicolasen Deininger und den Zwerchäckhern, ob an sein daisenpergers grundt, unten an dem feldtzaun gelegen«. Weitere 12 Parzellen, zumeist »ennder der Straß« und im »Schmittenfeld«, kamen dazu. Insgesamt waren es 14 Parzellen Ackerland, alle nicht sehr weit vom Hof entfernt, mit 11 Tagwerk, das heißt knapp 4 Hektar. Bei den »Wismader«, hauptsächlich in der Gießenwies, im Kreuth, im Ried und am Esel, waren es 21 Tagwerk.

Außerdem bewirtschaftete die Familie einen »gemainen Khrautgarten« mit »sieben Khrautpettlein« und einen weiteren Krautgarten im Schmittenfeld. Auf dem Ackerland wurde etwas Weizen, Gerste und Hafer angebaut. Hinzu kam noch die Gemeindeweide, auf der man die Rösser und das Rindvieh weiden lassen konnte.

Schließlich hatten die Daisenbergers auch noch eigenen Grund und Boden, nicht ganz 40% der Gesamtfläche, in der Hauptsache östlich der Loisach. Das erste Grundstück, die Schnetwiese mit rund 10 Tagwerk, hatte schon Balthasar, der Stammvater des Oberauer Zweigs der Daisenbergers, von den Werdenfelser Bauern, denen einstmals ein großer Teil der Grundstücke auf dem rechten Loisachufer gehörte, im Tausch gegen Grund auf Farchanter Flur erworben. Die übrigen »ludeigenen« Gründe, lauter Wiesen, machten nochmals etwa 12 Tagwerk aus. Insbesondere die Äcker, natürlich aber auch die Mooswiesen, hatten nach dem Kataster von 1813 recht schlechte Bonitätszahlen, die Gründe waren also zumeist wenig ertragreich und zum Teil auch Jahr für Jahr von Überschwemmungen gefährdet. Man kann es also den Auern nicht verdenken, wenn sie immer wieder versuchten, den Werdenfelsern, die ihre Pferde auf Auer Flur weiden durften, dieses Recht streitig zu machen oder es zumindest einzuschränken. Zwar betrug der Anteil des Ackerlandes nur etwa ein Fünftel – auch bei den übrigen Auer Bauern war er nicht sonderlich hoch –, aber die landwirtschaftliche Nutzfläche hat im oberen Loisachtal damals doch anders ausgesehen als in der heutigen Zeit, in der nur noch Grünlandwirtschaft betrieben wird. Man war auf den Anbau von Getreide angewiesen, um wenigstens einen Teil des Bedarfs an Grundnahrungsmitteln zu decken.

Das Frühjahr kam oft spät im Loisachtal, die Winter, in denen die Sonne erst kurz vor Mittag über das Estergebirge kommt, konnten sehr hart sein. So heißt es z.B. für das Jahr 1785:

»Im Monat February fing es gewaltig zu schneien an . . ., der große Schnee dauerte bis über die Hälfte des Aprils. Am Georgentag veränderte endlich unser Feld die weiße Schneefarbe und wir sahen das erstemal wieder den grünen Boden. Dieser Schnee brachte große Theuerung, weil der Wintersamen fast alles darauf ging. Alles wuchs um ein Monat später als andere Jahr und war auch im Sommer eine recht schlechte Witterung. Wir hatten zu Michaely noch Waizen auf dem Felde und brachten erst 14 Täge nacher alles ein«. (Ch) Von einer ähnlich späten Getreideernte berichtet der Vater auch im folgenden Jahr.

Von Hazzi schildert die Lage sehr treffend: »Nur der vierte Theil kann zum kultivirten Boden gerechnet werden; das übrige ist Wasser, Filz, Moos und Waldung. Das Terrain ist viel kiesigt und sumpfigt und man baut nur etwas Sommergetreid, denn Murnau ist, dem Sprichwort nach, der letzte Winterbau. Es herrscht hier Wechselwirtschaft und auch hin und wieder noch Brache, die erst vor kurzem Eschenlohe aufhob. Nur der dritte oder vierte Saame lohnt den nicht zu fleißigen Feldbebauer. Zur Streu dient fast allgemein das Moosheu, das über Winter aufgemacht am Platz bleibt und erst nach und nach eingebracht wird. Schon viele Gemeindsabteilungen haben mehr kultivierten Boden, z.B. um Murnau, Oberau etc., erschaffen. Weidenschaft ist aber noch im allgemeinen Betrieb. Flachs, Erdäpfel, baierische Rüben und Bohnen gedeihen gut; auf die Gärten wird im Gegentheils weder viel Fleiß noch Platz gewendet«.

Zukauf von Getreide war Jahr für Jahr notwendig. Darüber klagt schon 1671 Georg Daisenberger als er dem Klosterbeamten berichtet, er habe »im 5. oder 6. Jahr ain rössl und etwann jerlich ain rindl zu verkaufen, miesse aber in die 8 oder 10 schäffl khorn hereinkhaufen«. Weiter beklagt er sich zusammen mit den anderen Bauern, daß sie wegen der »Gröbe des Gebürgs und der wilden Thir als wölf, Peren und lux« an »Roß und Vich so wenig zu Gelt machen khündten« und »wheilen auch kein khornpau bey Inen vorhandten und ausser wenigen haaber und gersten nichts gepaut würd, in grossen Nothstandt hindurch bringen missten«.

Das mit dem Notstand war etwas übertrieben, aber wer wird schon vor einem Steuerbeamten, und nichts anderes war der Abgesandte des Klosters, seine Lage besser darstellen als sie wirklich ist? An der Notwendigkeit des Zukaufs von Getreide hatte sich fast genau 100 Jahre später nichts geändert. Steigende Getreidepreise, wie sie sich damals wegen der schwerfälligen und langsamen Transporttechnik auch schon bei örtlich relativ begrenzten Mißernten erga-

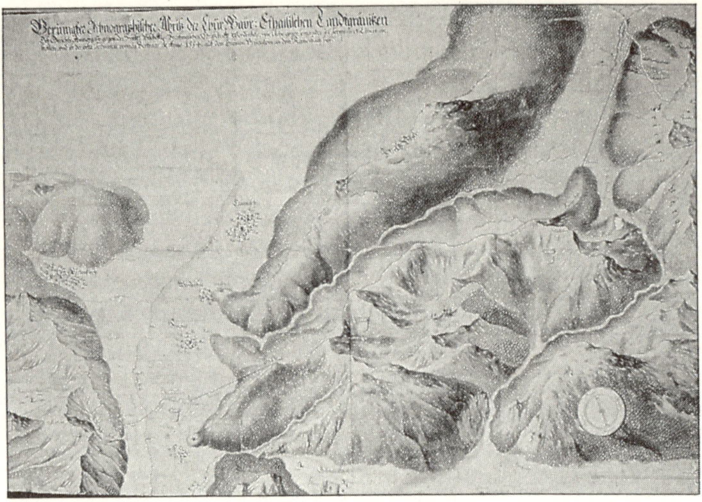

Au mit der churbaierischen Grenze; Anfang 17. Jahrhundert

ben, belasteten das Budget der Familie stark. 1770 war es aufgrund sehr ungünstiger Wetterbedingungen – es war ein äußerst niederschlagsreiches Jahr – zu erheblichen Ausfällen bei der Getreideernte gekommen. Der Gipsmüller Lerch aus München, der wichtigste Geschäftspartner der Daisenbergers, brachte der Familie »keine gute Zeitung (Nachricht), weill er uns gesagt, daß das Korn zu München schon 20 fl. und darüber gegolten habe«. (Ch) Im Herbst wurde es in Bayern verboten, Getreide nach Werdenfels zu exportieren. Schon in diesem Jahr importierte man das Grundnahrungsmittel aus Italien. Die Zahl der Bettler auf den Landstraßen vermehrte sich. In der Chronik Mittenwalds, das zur Grafschaft Werdenfels gehörte, heißt es: »In dieser Zeit und im nächst kommenden Jahre sind aus Bayern, Schwaben und anderen Orten viele Tausende von Bettlern um Almosen hier umgegangen und haben die Bürgerschaft hart gedrückt.« 1771 wurde es noch schlimmer. Nur Tirol und Italien hatten keinen Mangel. Der Getreideimport aus Italien nahm immer mehr zu. Die Daisenbergers mußten auf der Kienbergstraße ständig den Fuhrwerken vorspannen:

»Sehr viel wälsches Korn kam heraus und wurde über den Kienberg geführt. Beständig mußten wir mit unseren Rossen vorspannen, täglich fast 6 mall und noch öfter«. (Ch) Über diesen Vorspanndienst, der eine Einkommensquelle, aber auch eine Bürde war, wird später noch zu berichten sein.

Wie gut die Familie auch eine solche Notzeit überstehen konnte und daß sie finanzielle Reserven hatte, zeigt der Bericht des Familienchronisten für das Krisenjahr 1771: »Wir kauften 2 Schaf wälschen Waizen, das erstere um 43 fl, das andere um 40 fl. Ein halbes schaf haber um 7 fl«. (Ch) Um einen Vergleich zu haben, welch hoher Preis das war: Ein Maurermeister bekam zur damaligen Zeit etwas mehr als 1/3 fl (genau: 24 Kreuzer) als Taglohn.

Nicht nur die »Gröbe« des Gebirgs machte die Landwirtschaft wenig einträglich, auch die hohe Niederschlagsmenge hielt die Ernten niedrig. Die Behauptung von Hazzis, »unter andere Unglücksfälle sind die fast alljährlichen Schauer zu zählen; mancher Bauer hat in 7 Jahren kaum zweimal geerntet«, ist sicher etwas übertrieben, aber zu leiden hatten sie schon, die Daisenbergers, unter Loisach und Gießenbach. Wieder haben wir von Georg Daisenberger und den anderen Bauern eine eindrucksvolle Klage, die sich später in ähnlicher Weise auch in den Aufzeichnungen seiner Nachfahren findet. Sie tragen dem Klosterbeamten vor, daß ihnen der »Leusachrunst (Loisachlauf) bereits etliche Äckher, Wismader und Lüss völlig weckhgenommen als auch guetheill überschittet« und »daß ihnen auch sowohl diser als der hindter dem Kienberg entspringendte diessenpach gleichsamb iren völligen bluembesuch (Viehaustrieb) verwiesen und wegen dises pachs bey jedem anfallendtem wasser ir wenig habendtes veldle in hechster wasser gefahr stehe, nit weniger stündlich zu gewarten sei wann die loisach gleich bey der Pruggen zu Au ausbrechen und all Ire wismader gleich wie selbige erst bey 10 Jaren ganz abgeprochen und ain neuen runst an sich genommen«.

Für die Nachfahren brachten vor allem Unwetter in den Jahren 1767 und 1786 großen Schaden. Nicht nur der Getreidebau war wenig ertragreich, auch der Milchertrag der Kühe war gering. Um eine Kuh zu erhalten, waren weit größere Wiesenflächen als heute notwendig. Wie viele Kühe die Daisenbergers damals im Stall stehen hatten, ist leider nicht bekannt. Aus der Viehzählung, einhundert Jahre früher, kennen wir den Bestand allerdings: Es waren fünf und dazu zwei Jungrindl. Außerdem standen damals zwei Rösser, wohl das wichtigste Betriebsmittel der Daisenbergers, im Stall. In der Zeit, über die die Chronisten berichten, dürften es etwas mehr gewesen sein.

Da die Grundstücksfläche ein Jahrhundert später sich nicht wesentlich vergrößert hatte und vermutlich auch kaum der Heuertrag, war die Zahl der Kühe in der zweiten Hälfte des 18. Jahrhunderts bestimmt nicht sehr viel größer. In manchen Jahren reichte nicht einmal das Heu auf dem Hof aus und mußte dazugekauft werden. Im Winter bekamen die Kühe, wie der Knecht Prändel uns überliefert hat, kaum mehr als fünf Pfund Heu pro Tag. Einen schönen Anblick haben die Rinder nach einem langen Winter sicher nicht geboten. Mehr als 800 bis 1000 Liter Milch pro Jahr waren nicht zu erwarten, eine recht dürftige Leistung, verglichen mit 4000 bis 5000 Litern heute. Es war dann auch kein Wunder, daß selbst auf den größeren Höfen das Milchdeputat der Austrägler immer mit der juristischen Klausel »Wans vorhanden« versehen war.

Für den Markt konnte so gut wie nichts produziert werden, ja beim Getreide reichte es, wie wir gehört haben, nicht einmal für den Eigenverbrauch. Auch ein »Rindl« wird man wohl nur selten verkauft haben. Auf dem Hof waren ja nicht nur heranwachsende Kinder zu verpflegen, sondern auch Knechte und Mägde. Das notwendige Bargeld für den Getreidekauf, die Löhne der Ehalten, Steuerzahlungen, Zahlungen an den Schmied und andere Handwerker und schließlich für den Kauf einiger kleinerer Artikel, die der Ernährung dienten, konnte also in der Landwirtschaft nicht verdient werden.

Sieht man vom Zukauf von Getreide und anderer Waren wie etwa Salz ab, das man beim Krämer, einem Kleinbauern im Ort kaufte, so waren die Daisenbergers weitgehend

Selbstversorger. Man baute Kartoffel an, Kraut, Bohnen und Rüben. Die Dickrüben wurden, wie Prändel erzählt, »theils als Gemüse verkocht, theils zu saurem Kraut gehackt. Die langen Rüben werden als ein sehr kräftiges Gemüse verspeist, die kleineren aber gedörret und im Fruhjahr sowohl als Sommer auf gleiche Weise genutzt«. (P)

Auch über die Zubereitung der Kartoffel, die vermutlich noch nicht sehr lange auf dem Speiseplan der Daisenbergers stand, weil wir sie in den Übergabebriefen der Bauern des Orts aus der gleichen Zeit noch nicht erwähnt finden, berichtet uns der gelehrte Bauernknecht, daß sie für den »genügsamen Landmann die einfachste aus allen ist« und sie nur »gesotten oder auch wie Kastanien gebraten werden«. (P) Außerdem hatte die Familie Obst, das gedörrt und als »Tauch« verwendet wurde, und sie hielt sich Bienen, die Honig und Wachs lieferten.

Wie hat der Speisezettel der Daisenbergers im Detail ausgesehen? Die ergiebigsten Quellen zur Beantwortung dieser Frage sind in der Regel die Übergabebriefe. Der des alten Daisenbergers konnte allerdings bislang nicht gefunden werden. Er würde uns vermutlich auch nicht allzu viel Informationen über die Ernährung auf dem Hof bringen, weil es sicher ist, daß der Vater, der selbstverständlich auch nach der Übergabe noch auf dem Hof mitarbeitete, sich die »Kost mit den Jungen über den Tisch« ausbedungen hatte und sich als Witwer nicht selbst verpflegte. Ein Blick in den Übergabebrief des nur 50 Meter entfernten Nachbarn, des Klosterjägers Mathias Neuner, hilft hier weiter. Das Ehepaar Neuner, Verwandte Ludwig Thomas, wollte sich im Austrag selbst verpflegen und regelte die Deputatsfrage aufs genaueste. Man darf annehmen, daß der Daisenbergersche Speisezettel ganz ähnlich ausgeschaut hat. Die Wirtseheleute zum Schrenk setzten folgende Posten fest:

»Jährlich zu etwelcher Einbuß zwey Metzen Waitzen, ain Metzen Roggen, achtzehn pfund ausgelassenes Schmalz, welches Schmalz im Monat März und das getreid im Herbst herzugeben ist, item ein halbes Metzen dürre birnen, acht dreissiger bohnen, 50 ayr, sechs dreissiger dürre rüben und ain metzen grüne rüben, wans geraten, 40 kraut köpf und das kraut soviel wir brauchn, quatemberlich ein laib brod, iede Wochen 7 laibl brod, neben dem speisbrod von dem löblichen Kloster Etal als im dienst brod genossen, wöchentlich zwei pfund fleisch und ein halbes pfund butter, diese 2 posten aber nemlich als Fleisch und Butter nur zwey Jahr lang, täglich ain Maaß Bier solang ich übergeber lebe und nach meinem tod der übergeberin aber ein halbe Maaß«.

Das Speisbrot vom Kloster Ettal war natürlich ein – übrigens öfter gerügtes – Privileg der Angestellten des Klosters, und auch mit dem Bier wird man auf dem Daisenbergerhof sparsamer umgegangen sein als der »Bierzäpfler« Neuner. Sonst jedoch dürften die Unterschiede gering gewesen sein: Mehlspeisen, mit viel Schmalz zubereitet, herrschten vor, außerdem gab es reichlich Gemüse. Fleisch kam auch bei den wohlhabenderen Bauern, zu denen der Klosterjäger Neuner und die Daisenbergers zählten, nicht einmal an allen Sonn- und Feiertagen auf den Tisch. Artikel, die nicht zum täglichen Bedarf gehörten, konnte man beim Lippen, einem Bauern schräg gegenüber, kaufen oder zumindest bestellen. Der führte ein recht reichhaltiges Sortiment, das ihm durchfahrende Fuhrleute von einem Augsburger Handelshaus, vermutlich auf Kommission, brachten. Zum Angebot gehörten u.a. Holzbetten, »zahn stihrer büchsel«, vergoldete Uhrketten, »silberne Minuthen Uhren«, Schreibtafeln, »frauen doosen« und »ohren geheng mit steinen«. Handwerker gab es in dem kleinen Dorf außer einem Hufschmied und einem Müller nicht. Brauchte man einen Maurer, einen Schreiner, einen Zimmerer oder Schlosser, so mußte man ihn aus einem der Nachbardörfer holen.

Der Daisenbergerhof hatte, wie schon erwähnt, nach der Steuerkonskription von 1752 einen Hoffuß von einem Viertel (der ursprüngliche Hoffuß von Einhalb aus dem 16. Jahrhundert wurde später verringert). Diese Größe war für die Bemessung von Abgaben bestimmend. Wenn auch heute noch vom »Rätsel des Hoffußes« gesprochen wird, weil nach wie vor viele Einzelheiten seiner Ermittlung nicht geklärt sind – wir werden uns später mit diesem Problem noch zu befassen haben –, so läßt sich doch so viel sagen: Er war eher ein Maß für die Ertragskraft eines Hofs, weniger ein Maß für seine Größe, gemessen in Tagwerk. Der Agrarhistoriker Dietmar Stutzer bezeichnet ihn als Vorgänger des heutigen Einheitswerts. Das bedeutet, daß für die Einstufung als Ein-Viertel- oder Ein-Drittel- oder als ein ganzer Hof etwa im fruchtbaren Gäuboden eine geringere Zahl von Tagwerk genügte als im Voralpenland oder am Fuß des Ester- oder Ammergebirges. In Au unterm Kienberg hatten der Mair und der Buchwieser die größten Höfe, jeweils mit einem Hoffuß von einem Drittel.

Gemessen am Hoffuß hatte der Daisenbergerhof eine kritische Größe. Wirtschaftshistoriker nehmen heute an, daß der landwirtschaftliche Ertrag der Ein-Viertel-bis Ein-Achtel-Hoffußstellen gerade eben ausreichte, eine Familie mit Kleinkindern zu ernähren. Bei einer Anwesengröße von einem Viertel Hoffuß und weniger mußten sich die Kinder vom zwölften Lebensjahr an auf größeren Höfen Arbeit suchen, da sie von ihren Eltern nicht mehr ernährt werden konnten. Für den Daisenbergerhof stimmte das natürlich ganz und gar nicht. Die Söhne und die Töchter blieben bis zu ihrer Verheiratung auf dem Anwesen. Lediglich Benedikt half aus Hilfsbereitschaft einige Zeit auf dem Anwesen aus, in das seine Schwester eingeheiratet hatte.

Der Grund, warum die Kinder sich nicht bei anderen Bauern verdingen und warum der alte Daisenberger darüber hinaus noch Knechte und Mägde einstellen mußte, ist schnell gefunden: Die Familie war, wie schon erwähnt, nicht gezwungen, von der Landwirtschaft alleine zu leben, sondern produzierte Gips, betrieb die Flößerei auf der Loisach und verdiente noch am Vorspanndienst auf der Paßstraße, die das Loisachtal mit dem Ammertal verband. Eine derartige Häufung von Tätigkeiten war zwar im Klostergericht Ettal nicht gerade die Regel, aber Nebeneinkünfte hatten wahrscheinlich die meisten Bauern. Der Anteil der Anwesen mit einem Hoffuß von einem Sechstel und weniger betrug im Klostergericht Ettal fast 85%. Ihren Besitzern blieb gar nichts anderes übrig, als sich nach anderen Einkommensquellen umzusehen. Früh schon hatte man aus der Not eine Tugend gemacht. Wer Rösser hatte, spannte auf der Kienbergstraße vor, und jeder Bauer flößte einige Male im Jahr. Daneben gab es noch eine Reihe anderer Verdienstmöglichkeiten: Der Schrenk hatte eine Bierzäpflergerechtigkeit und war Klosterjäger, sein Konkurrent der Untermbergwirt durfte ebenfalls Bier ausschenken, der Spamer, einer der kleinsten Bauern, hatte einen Kramladen, der Schmied, der Schwiegervater Michaels des Jüngeren, verdiente mit seiner Hammerschmiede, und der Müller betrieb eine Mahl- und eine Sägemühle. Das wohl einträglichste Gewerbe, das Brechen und Stampfen des begehrten Gipses, wurde im 18. Jahrhundert nur von den Daisenbergers und dem Hämmerl ausgeübt. Erst später, im 19. Jahrhundert, betrieben auch die anderen Gipsmühlen.

VOM BESCHWERLICHEN UND GEFÄHRLICHEN VORSPANNEN

In Au unterm Kienberg gabelte sich ein vom Brenner kommender wichtiger alter Fernhandelsweg. Die eine Route führte über Oberammergau, Schongau bis nach Augsburg, der mittelalterlichen Handelsmetropole. Das erste Stück dieser Straße war der Kienbergweg, der das Loisachtal mit dem Ammertal verbindet.

Mit der zweiten Straße, die über Weilheim, Inning am Ammersee und Mering in die Fuggerstadt führte, vereinigte sie sich hier und führte über Partenkirchen, Mittenwald, Innsbruck zum Brenner, weiter nach Toblach und Cortina d'Ampezzo, um schließlich Venedig zu erreichen. Diese Route wurde auch die Untere Straße genannt. Mit ihr konkurrierte die sogenannte Obere Straße, die von Augsburg über das Außerfern, den Reschenpaß und Bozen in die Lagunenstadt ging. Im Mittelalter war wohl die Untere Straße der wichtigere Weg. Spätestens seit dem 13. Jahrhundert wurde sie nicht nur mit Packtieren begangen, sondern auch mit Karren befahren. Die älteste Straße über den Kienberg war wegen ihrer Steilheit und wegen ihres im Winter und nach langen Regenfällen oft miserablen Zustands gefürchtet. Die Fuhrknechte hatten schon in Italien Sorge, wie sie wohl über den Kienberg kommen würden. Der Pfleger von Schongau schrieb in einem Gutachten zu Beginn des 17. Jahrhunderts: »Sehr hoch, gäch und geverlich fürnemblich an den hierunder habenden zwayen Riben (Kurven), alda man auch allenthalben an die Exen (Achsen) Roß sezen und den wagen herumbruckhen mueß und umb deß willen müssen zu ainem wagen von 6 Rossen gemaineclich 14-18 Roß fürgespannt werden.« Dabei mußten die Rosse so gepeitscht werden, daß manches daran krepierte.

Älteste Kienbergstraße mit Vorspann der Auer Bauern; 1615

und Straß

Der Vorspann vor die Wagen der Fuhrleute auf diesem Straßenstück war die älteste Nebenerwerbsquelle der Daisenbergers und der übrigen Auer Bauern. Manchmal reichten ihre Pferde allerdings nicht aus, so zum Beispiel als der bayerische Kurfürst Ferdinand Maria, seine Gemahlin Adelheid von Savoyen und eine Prinzessin 1668 mit einem Hofstab von 334 Personen, darunter zwei Kammerzwergen, einem Mundbäcker und einem Konditor und 316 Pferden über den Kienberg nach Ettal wallfahrteten. Da mußten auch die anderen Bauern der Umgebung einspringen.

Weil die Steilheit und der schlechte Zustand der Kienbergstraße den Handelsverkehr abschreckte und immer weniger Wegegeld in die Kassen des Abts von Ettal floß, setzte er sich zu Beginn des 17. Jahrhunderts energisch für einen Neubau ein und ersuchte den Kurfürsten, das Geld für eine neue Trasse zu bewilligen. Die Begründung war recht originell: Es sollte endlich dem »greulich Schwören und Gottslestern« der Fuhrleute ein Ende gemacht werden. Für die neue Straße, die zum größten Teil oberhalb der unteren verlief, und nur oben in den alten Teil einmündete, wurden nicht mehr so viele Vorspannpferde gebraucht. »Leibs- und Lebensgefahr« bestand aber immer noch, und das Fluchen der Fuhrknechte hörte wohl auch nicht auf. Auch im 18. Jahrhundert ist in einem Schreiben des Abts an den Kurfürsten von dem »häufig sehr beschwerlichen und sehr gefährlichen Vorspann« die Rede. Von Hazzi schildert, wie »schauerlich es mit Vorspann die Hochgebirge hinangeht«, und selbst zu Ende des 19. Jahrhunderts erschreckte der Berg, der an der steilsten Stelle 21% Steigung hat, noch einen Reisenden, der schreibt: »Wären wir nicht so überzeugt gewesen, daß der Weg zur Hölle abwärts geht, wir würden . . . eher an eine Höllenfahrt als an eine Himmelfahrt gedacht haben«. Der letzte schwere Unfall auf der heute kaum mehr begangenen Straße ereignete sich im Jahre 1875, als der Steinmetzmeister Hauser und sein Gehilfe beim Transport einer monumentalen, von König Ludwig II. gestifteten Kreuzigungsgruppe von der umstürzenden Figur des hl. Johannes erschlagen wurden.

Auch ein Mitglied der Familie Daisenberger wurde beim Vorspanndienst in einen Unfall verwickelt, der allerdings noch glimpflich ausging. »Eben dieses Jahr (1773) hatten wir die Vorspannlehen zu verwalten und dort war es, daß unser Michael das Unglück hatte, daß ihm zu öberst auf dem Kienberge das Pferd, mit welchem er einem Tyroler Karnzieher vorgespannt, da er selbes eben ausspannen wollte, aus den Händen entrann und den Mann, weil er angespannt war, samt den Karrn eine Weile fortschleifte. Er blib endlich ligen, war aber sehr beschädigt. Kam doch (Gott lob) wider davon. Der Karn und was darauf war, lag aber zerstreut auf dem Weg. Das Roß wurde endlich beim Wirtshaus Undermberge aufgefangen«. (Ch)

Zur Zeit von Michael dem Älteren und dem Jüngeren hatte die Kienbergstraße längst nicht mehr die Bedeutung wie in früheren Jahrhunderten. Ihre besten Zeiten hatte sie von 1487 bis 1679, als die Venezianer noch ihren Markt im nahegelegenen Mittenwald abhielten. Das war lange vorbei.

Für das Jahr 1734 gibt Pater Dussler, der Chronist der Straße, eine Zahl von drei bis vier Fuhrwerken täglich an, für 1800 etwa 10, für 1806 kaum mehr zwei. Erstaunlicherweise und ganz gegen unsere Erwartung erreichte das Verkehrsaufkommen jeweils im Winter seinen Höhepunkt, wenn man auf den gefrorenen und mit Schnee bedeckten Wegen besser vorwärts kam und leicht verderbliche Fracht eher transportiert werden konnte.

Winterliche Verhältnisse förderten dann auch den Gipsabsatz der Familie. So heißt es z.B. für das Jahr 1785 in der Familienchronik: »Es kamen sehr viele schwäbische Bauern zu uns, weil der große Schnee und die Schlittenbahn biß über die Hälfte des Aprils dauerte«. (Ch)

Nur gelegentlich stieg die Zahl der Fuhrwerke pro Tag über die oben genannten Werte an, so etwa im Jahr 1771, als Getreide aus Italien importiert wurde und die Familie täglich sechsmal und noch öfters vorspannen mußte. Vermutlich war der Vorspanndienst, dessen Organisation turnusmäßig jeweils von einem anderen Bauern übernommen wurde, trotz gewisser Gefahren bei den Daisenbergerschen

Söhnen und Knechten recht beliebt. Man kam mit den Fuhrleuten in Kontakt, harten und weltkundigen Leuten, die den Mitgliedern der Familie so manche Neuigkeit aus erster Hand überbrachten. In einer Zeit, in der es auf dem Land keine Zeitung gab, war man auf solche Nachrichtenträger angewiesen, wollte man wissen, was in der Welt vorging.

Aber nicht nur Fuhrleute traf man auf der Kienbergstraße, auch zahlreiche Pilger, die Touristen der damaligen Zeit, benutzten den Weg. Er war ein Stück des verzweigten Straßennetzes, das aus Deutschland nach Rom führte. Für 1775 werden für das Kloster Ettal, das am Ende der Paßstraße stand, etwa 30 000 Gläubige gezählt. Wenn heute von der »guten alten Zeit« gesprochen wird, dann kommen oft auch Erinnerungen an das Leben auf den Straßen der damaligen Zeit auf: gemächlich dahinschaukelnde Planwagen, berittene Begleiter, feine Damen und Herren in prunkvollen Kutschen und Sänften. Durchaus richtig. Die alte Darstellung der Kienbergstraße, die von einem Schongauer Zeichner stammt, vermittelt auch ein wenig von dieser Vorstellung, leider aber nur die halbe Wahrheit: Über die bayerischen Straßen zog auch ein Heer von Bettlern. Kurbayern galt damals als ein Land mit besonders vielen Bettlern. Man schätzte ihren Anteil an der Gesamtbevölkerung auf etwa 6%. Dazu allerhand fahrendes Volk, Gaukler, Musikanten, Komödianten, Reisende, die der Obrigkeit ein Dorn im Auge waren. Aus diesem Grund ließ der Prälat von Ettal auch 1720 beim Steinernen Brückl, am Ende des Weges und an der Grenze zu Werdenfels gelegen, eine Tafel anbringen. Ein Galgen war darauf gemalt, eine Leiter, ein Scharfrichter und eine Hinrichtungsstätte. Und die Aufschrift: »Straff der Zügeuner und Rauber«. Die Bildseite der Tafel zeigte nach Garmisch. Die Werdenfelser fühlten sich deshalb betroffen und beschwerten sich in Freising bei ihrem Landesherren. Für die Zeit, als Michael der Ältere und Michael der Jüngere vorspannten, hören wir von »bös und liederlich Gesindel, welches noch immer disortigen Gränzen hauffenweise herumschwärmt und die armen Landesunterthanen bedränget. Absonderlichen weilen solches Gesindel mit Gewalt aus

Tyrol ausgetrieben und kein Vagant darinnen mehr geduldet wird«.

Der Klosterrichter zu Oberammergau fordert deshalb auch ein eigenes »Streiffcorpo«, das die verhaßten Leute ohne ständigen Wohnsitz in Schranken halten und arretieren sollte. Für Straßen wie die Kienbergstraße, auf denen Vorspann erforderlich war, gab es dazu eine Vorschrift, daß beim Transport der Vaganten und Bettelleute die Gendarmen auf keinen Fall selbst auf dem Wagen sitzen durften, sondern nebenher gehen mußten.

Vor allem nachts konnte es den Anwohnern nicht immer ganz geheuer sein. Der Wirt zum Untermberg, einem Wirtshaus am Fuß des Berges, in dem die Fuhrleute wohl oft noch einmal tief in den Krug schauten, bevor sie den steilen Weg angingen, befürwortete den Antrag eines Schmieds, in der Nähe des Hauses eine Werkstatt zu errichten, mit der Bemerkung: »Er sähe es gar gern, daß ein Haus neben ihme mechte erbauet werden weillen er ganz allein alle Nacht in Sorgen stehen muess, wann er von bessen Leithen ausgeblindert wird«. Zu diesen »bösen Leuten« gehörten übrigens auch die Tiroler Wildschützen. Sie »molestierten«, wie von Hazzi schreibt, die Bevölkerung, beunruhigten die Bewohner und »nahmen so manches mit«.

Wie hoch die Einnahmen der Daisenbergers aus dem Vorspanndienst waren, ist nicht bekannt. Eine Gebühr pro Pferd, nämlich 4 kr. 2 Pf., ist lediglich für das 17. Jahrhundert überliefert. Da sich die Bauern abwechselten und die Verkehrsfrequenz nicht besonders hoch war, kann es eigentlich nur ein kleinerer Posten in der betrieblichen Gewinn- und Verlustrechnung gewesen sein. Außerdem hatte das Vorspannrecht auch seinen Preis: Die Familie Daisenberger war zusammen mit sieben anderen Bauern verpflichtet, den Fuhren des Klosters über den Kienberg vorzuspannen. Eine Verpflichtung, die die Auer vermutlich Ludwig dem Bayern, dem Klostergründer, »verdankten«.

1803 läßt der churfürstliche Commissair Theobald von Thoma, der zur Aufhebung des Klosters nach Ettal gekommen war, Benedikt Daisenberger, damals einer der beiden

Roßstall am Fuß der Kienbergstraße zum Einstellen der Vorspannpferde; 2. Hälfte 19. Jahrhundert

»Gemeindsvorsteher«, rufen. Er gibt für sich selbst, seine Schwägerin Katharina, die ihn einmal verschmäht hatte, und weitere sechs Auer Bauern zu Protokoll: Sie seien »verbunden gewesen für alle Zehent- und Gilt-Getreide des Closters Ettal welche über den hohen Kienberg geführt wurden zu iedem Schäffel Getreide ein Vorspannpferd zu stellen. Da nun gewöhnlich 4 Closter Pferde 10 Schäffel bis an den Berg führten, so mußten sie zu dem Wagen noch 6 Pferde stellen. Auf gleiche Art mußten sie für iedes Fuder Zehend-Stroh 4 Pferde vorspannen. Endlich mußten sie auch noch jährlich für eine Fuhre Stift-Salz 6 Pferde und für die Wein-Fuhren überhaupts 20 Pferde vorspannen und überdieß alle zum Bräuhaus erforderliche Gerste mittels Vorspann über den Kienberg schleppen«.

Weiter sagt er aus, daß sie für die Vorspann-Scharwerk »gar keine Belohnung oder Kost« genössen, »sondern mit Ende des Jahres bei Bezahlung der Stift . . . Kost und Trunk nebst einem Trinkgelde von 10 fl.« erhielten. Wie seine Vorfahren vor 130 Jahren sagt er weiter, daß diese Verpflichtung »höchst drückend« und »viel zu übermäßig sei als daß sie Unterthanen an ihrem häuslichen Nothstande nicht zurückgesetzt worden wären«.

Die Kommission entläßt ihn mit der Aufforderung, sich mit den übrigen Bauern zu besprechen und dann eine Ablösungssumme anzubieten. Nach wenigen Tagen erscheint er wieder. Er bietet eine jährliche Geldablösungssumme von 40 fl an, die von der Kommission gnädigst akzeptiert wurde, weil die Summe »zuverlässig die durch höchstes Reskript beabsichtigte Norm« überstieg, ein Umstand, den man den Auer Bauern hinterlistigerweise verschwiegen hatte.

Die Verpflichtung zum Transport des Südtiroler Weins hatten nicht nur die Oberauer Bauern, sondern auch 18 aus der Tölzer Gegend. 1343 hatte Kaiser Ludwig in einer Stiftung dem Kloster jährlich 20 Fuder welschen Weins vermacht, das entsprach etwa 10 240 l. Der Wein kam aus dem Brixener Gebiet und wurde vom kaiserlichen Urbarsamt in Kufstein geliefert. Die Urbarsleute – Bauern, deren Grundherr der Landesherr selbst war – aus dem Gebiet von Wolfratshausen und Tölz mußten ihn ohne Entschädigung die für damalige Verhältnisse enorme Strecke von Kufstein bis Tölz führen. Für den Transport von Tölz bis Murnau waren die Amtleute des Landesherrn verantwortlich. In Murnau übernahmen die Fuhrknechte des Klosters. Am Ende der Transportkette, am Fuße des Kienbergs, spannten schließlich dann die Auer Bauern zusätzlich vor. In Ettal wurde die Weinladung schon freudig erwartet.

Als einmal, trotz Kriegswirren, ein Transport unbeschädigt ankam, schrieb Benediktinerpater Sartori in sein Tagebuch: »Deo sint infinitae laudes« (Gott sei unendliches Lob).

Die Bauern aus der Tölzer Gegend, die Ertl, Mayr, Ostner, Eyrieder und wie sie alle hießen, haben immer wieder, ganz im Gegensatz zu ihren Auer Leidensgenossen, versucht, diese Belastung durch Prozesse abzuschütteln. Vergeblich, denn immer konnte der jeweilige Abt auf die Stiftung Ludwigs des Bayern hinweisen. Zwar wurde es dem

Konvent um die Mitte des 18. Jahrhunderts selbst zu dumm, und der Abt entschloß sich, den Wein hinfort von eigenen Fuhrknechten und Fuhrwerken transportieren zu lassen, das Prozessieren war damit aber noch nicht zu Ende, denn die Bauern wollten die vom Prälaten geforderte Ablösungszahlung nicht leisten.

Aber wenden wir uns wieder den Daisenbergers und den anderen Bauern zu. Ihre Vorspannpflicht blieb bis zur Säkularisation bestehen. War die Last aber wirklich so drückend, wie Benedikt vor dem Commissair von Thoma behauptete, oder hat man sich einfach nur geärgert, daß man wegen des leiblichen Wohls der Benediktiner und ihrer zahlreichen Gäste die eigene Arbeit unterbrechen mußte? Hatten die aufmüpfigen Isarwinkler die Daisenbergers und die anderen Vorspannpflichtigen aufgehetzt?

Versuchen wir eine Antwort. Nach den Angaben Stutzers hatten die Fuhrwerke aus Kufstein jeweils 25 Hektoliter geladen. Da die Stiftung Ludwigs des Bayern etwa 100 Hektoliter betrug, waren das im Jahr vier Fuhren. Das war freilich noch nicht alles. Der gestiftete Wein reichte bei weitem nicht aus. Die Ettaler hatten noch eigene Weingüter: den Pienzenauerhof in Obermais über Meran, der den Rotweinbedarf deckte, bis 1787 den Langhof in Eppan und den Leutnerhof »auf dem Wegscheid« in Tramin. Rechnet man nochmals etwa 250 Hektoliter von diesen Bezugsquellen und entsprechend 10 Fuhren, so kommt man auf insgesamt 14 Fuhren. Rüst- und Fahrzeiten zusammengenommen, konnte eine Fahrt über den Kienberg schon etwa zwei Stunden in Anspruch nehmen. Wurden wirklich jedesmal 20 Vorspannpferde benötigt und, sagen wir, drei Knechte oder Familienangehörige, so waren nur für den Weintransport etwa 560 »Pferdestunden« und etwa 84 Mannstunden benötigt. Auf die Daisenbergers, die mit zwei Rössern vorspannpflichtig waren, entfielen damit etwa 56 »Pferdestunden«. Das bedeutet, daß – den Arbeitstag einmal mit 10 Stunden angenommen – allein wegen des Ettaler Weins zwei Pferde, das wertvollste Betriebsmittel der Bauern, für etwa eine Woche im eigenen Betrieb fehlten. Dazu kamen noch die Verpflichtungen zum Transport anderer Güter. Allerdings brauchte man für das Stiftsalz, das Stroh, das Getreide und die Braugerste nicht so viel Rösser zum Vorspann. War man sowieso mit den Pferden am Kienberg im Einsatz, dann war es unter Umständen auch kein allzugroßer Aufwand und keine erhebliche Störung des Betriebsablaufs, zwischendurch auch einmal eine Klosterfuhre hinaufzuziehen. Zu bedenken ist auch, daß die Bauern zur Kompensation, wie Benedikt einräumte, »mit Belegung der Gilt gegen andere Gerichtsunterthanen um etwas erleichtert und auch mit dem Jahresholze besser bedacht« wurden. Trotzdem muß man sagen: Wenn die aufgemachte Rechnung nur in etwa richtig ist, waren die Beschwerden nicht ganz unberechtigt und die Klagen des ältesten Daisenbergersohns vor dem Säkularisationskommissar nicht nur Mitleidschinden und Taktik. Hätten die Daisenbergers die Mann- und Pferdestunden mit Geld bewertet – für den Einsatz eines Manns mit einem Pferdegespann rechnete man damals etwa 1 1/2 Gulden pro Tag – und den Einnahmen aus dem gebührenpflichtigen Vorspann gegenübergestellt, so hätte sich für diesen Betriebsbereich sicher kein großer Deckungsbeitrag errechnet. Da war die Produktion von Gips, von der im nächsten Kapitel die Rede sein soll, schon sehr viel ertragreicher.

GYPSSTEIN UND FRAUENEIS

Die Aufzeichnungen von Vater und Sohn Daisenberger über die Gipsproduktion machen ganz besonders die Rolle der Familie als mittelständische Unternehmer deutlich, die sich unter dem Krummstab wirtschaftlich entfalten konnten.

Mit dem Brechen und Stampfen des Gipses hatte die Familie Daisenberger als erste im Dorf begonnen. Sie blieb auch sehr lange der einzige Produzent. Als »Erfinder der Gypsbrüche« wird im Familienbuch Johannes Daisenberger genannt, der 1698 zusammen mit seiner Zwillingsschwester Eva als Sohn des Johannes Daisenberger geboren wurde. Das kann aber nicht stimmen: Schon in den Jahren 1668 bis 1674 ist von Oberauer Gipslieferungen für den Neubau der Kirche in Schongau die Rede. Vermutlich hat der Schreiber, der den Eintrag später gemacht hat, den Sohn mit dem 1641 geborenen Vater verwechselt, der den gleichen Vornamen trug. Der Knecht Prändel hat diesen Erwerbszweig der Familie 1798 in einem Aufsatz mit dem Titel »Vom baierischen Gypse, wo er überall zu Hause ist, wie er zubereitet, genützt und verkauft wird«, genau beschrieben. Der Mathematiker war auf diesem Gebiet nicht nur ein Theoretiker, sondern beherrschte auch die Praxis: Er hatte im Oberauer Gipsbruch und in der städtischen Gipsmühle zu München gearbeitet, in der auch sein Vater beschäftigt war.

Wenn man dem Professor glauben kann, dann zählten Michael der Jüngere und Michael der Ältere zu den wichtigsten Gipslieferanten in Oberbayern: »Oberbaiern zählt bekanntlich vier Gypssteinbrüche, womit das ganze Innland und auch das benachbarte Ausland zu mancherley Gebrauch versehen wird. Der ausgiebigste unter allen scheint uns der von Oberau zu seyn ... Zween Bauern ...

Auer Gipsstampf; Darstellung auf einem Wandgemälde in der Hauptschule Oberau

haben daselbst ihre Steinbrüche, wovon aber des Michel Daisenbergers seiner ungleich schicklicher gelegen ist und weit mehr ausbeutet als der des Mathias Hamerl ... Was den Absatz des Gypsartikels in Baiern betrifft, macht Daisenbergers Steinbruch zu Oberau jährlich die ansehnlichsten Lieferungen«. (P)

Der Bruch, der heute fast abgebaut ist, war ein nahezu idyllischer Ort: »Der Platz selbst, wo die Steine gebrochen werden, heißt Apfelbüchl, ein aus mehreren mäßigen sanft sich wölbenden Erhöhungen zusammengesetzter Hügel, der sich nirgends über 30 Schuh von der umliegenden Ebene empor hebt. Er ist über und über mit Rasen bedeckt ... und dient übrigens dem Dörfchen zur trefflichen Viehweide. Die vorzüglichsten Gewächse auf demselben sind hie und da zerstreute aber ansehnliche Kirschbäume und wilde Aepfelstämme, dann Brombeersträucher und Farrenkraut in Menge. Die Erde selbst unter dem Rasen besteht größtentheils aus Thon, welcher an einigen Orten gegen 3 Schuh, an anderen hingegen noch tiefer auf den Gypsstein hinabgehet«. (P)

Die Brüche führten, »mineralogisch zu reden, einen mit Thon vermischten blätterichten Gyps, zwischen dessen Klüften sich sehr oft schönes durchsichtiges Fraueneis befindet, welches die dortigen Gypsarbeiter wildes Gut zu nennen pflegen und vor einigen Jahren noch viele hundert Fuder weggeworfen hatten«. (P)

Als Pioniere der Gipsgewinnung hatten die Daisenbergers sich nicht nur die beste Lage im Bruch ausgesucht, sondern auch den günstigsten Standort für die Mühle gewählt. Im Daisenbergischen Teil des Steinbruchs konnte »Gestein, welches eine 3 Klafter hohe Wand bildet, in der natürlichen Richtung schichtweise weggebrochen werden: in diesem aber (gemeint ist der Teil des Konkurrenten Hämmerl), der kaum ein Klafter hoch ist, sind die Schichtenlagen überhängend und werden von vorneher gerade in der widernatürlichsten Richtung angegriffen. Zudem ist die Öffnung des Bruchs gegen Nordost gekehrt, wo dicht daran auf der Westseite sich ein steiler Berg, der Hängenstein genennt, hoch empor hebt und der Grube beynahe alle Sonne benimmt, wodurch also natürlicher Weise eine immerwährende Nässe in selbem unterhalten wird, da im Gegentheile Daisenbergers Bruch seine Ordnung der südöstlichen Weltgegend zukehrt und vom eben gemeldten hohen Berge ziemlich weit entfernt liegt, weßwegen er dann die Morgen- und Mittagssonne zum Austrocknen im Übermaße genießt. Nichts von dem zu melden, daß Hämmerl mit seinen Steinen 3mal weiter auf die Mühle fahren hat als Daisenberger«. (P)

Der Standortvorteil der Familie war also erheblich. Der Gips blieb nicht nur verhältnismäßig trocken und konnte deshalb bald gestampft werden, auch der Transportweg zur Mühle, für den die immer knappen Rösser benötigt wurden, war sehr kurz. Der Gipsstampf lag direkt an der Straße Garmisch-Weilheim. Auch die Gewinnung des Gipssteins schildert der ins Detail verliebte Prändel aufs genaueste. Im Daisenbergischen Gipsbruch wurde nicht mit Pickel und Geisfuß gearbeitet, sondern gesprengt.

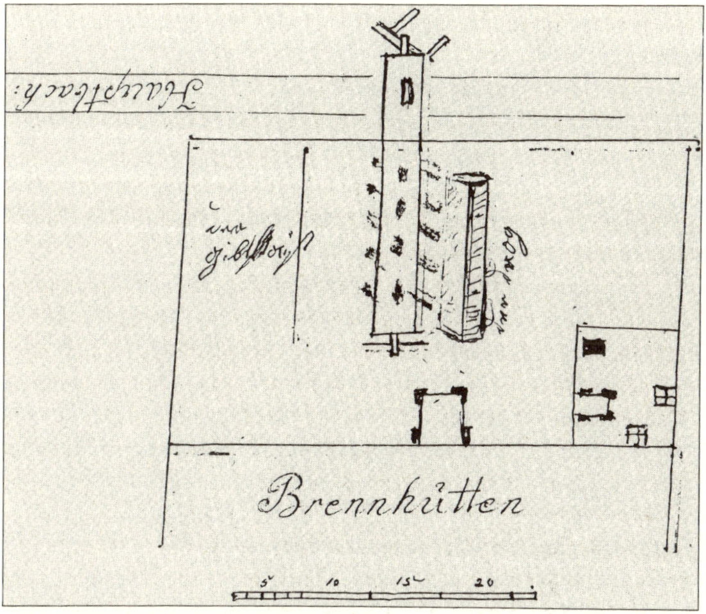

Alter Plan eines Gipsstampfes, von einem Auer Bauern im 19. Jahrhundert gezeichnet

Zunächst brachen die Daisenbergers nur Gipsstein und erzeugten ungebrannten Gips. Der Gipsstein wurde nach München in die städtische Gipsmühle des Herrn Lerch gebracht und dort weiterverarbeitet. Lerch war Mitglied des Äußeren Rates der Stadt und hatte offensichtlich einen langfristigen Liefervertrag mit den Daisenbergers geschlossen. 1770 inspizierte er die Anlagen seines Lieferanten. In der Familienchronik wird davon berichtet. Dieser Abschnitt zeigt übrigens auch, wie umständlich damals eine Reise zu Land nach München war. »Herr Lerch Gipsmiller von München kam zu uns herauf zu Ende des Jully, nam alles in Augenschein. Der Knecht der Thomas fiehrte ihn sodann in der Kutsche auf Etall und auf die Wiese (vermutlich die Wieskirche bei Steingaden), von da aus naher Diesen. Dort fuhr Herr Lerch auf den Amersee München zu, unser Knecht aber wieder nach Hause«. (Ch)

Der ungebrannte Gips wurde in der Hauptsache als Düngemittel verwendet. Die Daisenbergers verkauften vor allem an die schwäbischen Bauern, wobei vermutlich für die Bewohner des Loisachtales Schwaben schon im nahegelegenen Rottenbuch begann.

Auch auf dem Spezialgebiet der Düngung erweist sich Prändel, der bei dieser Gelegenheit nicht versäumt, auf seine eigene Veröffentlichung zu verweisen, als Fachmann: »Der Gyps soll besonders auf Kalkböden gute Dienste thun, indem er ihnen vermög chemischer Verwandtschaft die überflüßige Vitriolsäure in etwas benimmt und eben deswegen das Wachstum befördert. Leute, welchen zu wissen daran liegt, wann und in welcher Menge der Gips sowohl auf Wiesen als auf Aecker ausgestreut werden soll, verweisen wir hier auf Prändels Landwirthschaftskunde, München 1797, wovon §16 in der Anmerkung weitläufiger gesprochen wird und merken hier nur kurz an, daß auf Wiesen die beste im März und auf Äckern bald nach des Aussäung des Getreides sey ...« (P)

Diesem Ratschlag folgend, kamen die schwäbischen Bauern dann auch hauptsächlich im Frühjahr zum Stampf der Daisenbergers. Wie begehrt der Düngegips war, zeigen uns nicht nur die Aufzeichnungen der Familie, sondern auch ein geradezu leidenschaftlicher Aufruf Lorenz von Westenrieders aus dieser Zeit. Westenrieder wollte sogar Arbeitsscheue und Vagabunden einsetzen, um das wichtige Mineral zu gewinnen, ein Vorschlag, über den die Daisenbergers sicher nicht sehr glücklich gewesen wären, weil sie zuverlässige und fleißige Leute im Stampf brauchten:

»Ist es in Bayern nicht möglich, den Landleuten ungebrannten Gips um billigen Preis, wie in anderen Ländern in die Hände zu liefern? oder: lassen sich nicht dort und da Pochwerke machen, womit die allenthalben befindlichen Kalksteine gestoßen und benuzet werden könnten? Ich kann es nicht glauben, daß nur Bayern allein so unglücklich seyn sollte! Haben wir doch hohe Berge von Marmor und Kalk! Viele Flüsse, auf denen der Gips geliefert werden kann! Haben wir doch in den Flüssen und sonst allenthalben viele

Kalksteine, die zermalmt werden könnten! Haben wir doch viele Missethäter und Müssiggänger, die man zu diesen Arbeiten gebrauchen könnte. Anstatt Ihnen den Hals zuzubinden oder den Kopf abzuhaun! Sollte sich keine Gesellschaft hervorthun, die den ungebrannten Gips um billigen Preis nach München, Landshut, Straubing, Rosenheim, Wasserburg und Burghausen lieferte? Sollte nur in den Gebirgen Gips seyn oder derselbe etwa auch auf ebenem Lande anzutreffen sein? Wenn den Landsleuten nicht Gips geliefert werden kann oder keine Anstalten zu Pochwerken gemacht werden, so hoffe ich nie viel von Kleebau und der Stallfütterung in Baiern«. Von den Daisenbergers wußte Westenrieder, der auch Gips- und Kalkstein verwechselte, offenbar nichts.

Die Technik des Gipsstampfens war verhältnismäßig einfach. Die Antriebsenergie lieferte der Gießenbach. Die Wasserkraft wurde vom Mühlrad auf das Stampfwerk übertragen. Ein solches Stampfwerk bestand meist aus sechs miteinander verbundenen kräftigen Balken, die unten mit einem Eisenschuh versehen waren und in einen Trog gestoßen wurden, in dem die Gipssteine lagen. Vor dieser Verarbeitung mußte der Gips ausreichend getrocknet werden. Der unregulierte Gießenbach lieferte freilich nicht nur die Energie, er richtete bei den Daisenbergers auch immer wieder Schaden an, so im Jahre 1767: »Bey nebens richtete der Giesenbach ville Verwüstungen an, riß von seinen Rinnsall ab, machte jenen tiefen Graben under der Mille welcher noch lange als die Spur dieses Gewäßers seyn wird. Die Gipsmille stund ohne Wasser und die Grube (im Steinbruch) war voller Koth, lauter Folgen von Gewäßer und Gewitter«. (Ch)

Seit 1774 wurde auf dem Daisenbergerhof auch gebrannter Gips gewonnen. Auf eine Brandkatastrophe im nahegelegenen Markt Murnau hatte die Familie sehr schnell reagiert. Der Prälat zu Ettal legte den Daisenbergers nichts in den Weg: »Schon am Pfingsttage zu Nachts ist Murnau abgebrunnen, die meisten Heußer wurden noch selben Sommer gebauet, man verlangte von uns gebranten Gips. Der Vater ging auf Etall, hielt um einen Ofen zum Gipsbrenen an und da es ihm erlaubt wurde, machte er den ersten Gipsbren Ofen in der Gipsmill«. (Ch) Die Brenntechnik, die sehr einfach war, hatte man dem Gipsmüller Lerch abgeschaut: »Auf hiesiger Hofgypsmühle wovon Titl. Hr. äußerer Stadtrath Joseph Lerch dermal Beständner ist, wird selbes auf die nämliche Art gebrannt, wie man das Brod bäckt. Man macht zuerst starkes Feuer in den Ofen, reißt zuletzt die Glut heraus und wirft etliche Metzen Gyps hinein. Der Ofen wird dann verschlossen und der Gyps ein paarmal wohl umgerührt, so ist er nach einigen Stunden fertig«. (P) Der gebrannte Gips wurde »bey Gebäuden unter den Mertel gemischt, vorzüglich wenn dieser zu Zimmerecken, Gesimsen, und Aufziehung eines Feinwurfes bestimmt ist. Das Mauerwerk wird dadurch haltbarer und trocknet auch weit eher aus«. (P)

Der Radius des Absatzgebietes war allerdings nach Prändel nicht sehr groß. Es wurden nur die »benachbartesten Ortschaften als Ammergau, Murnau udgl. mit gebranntem Gypse« (P) versorgt. Der Grund für diese Einschränkung ist klar: Bei der damals noch gering entwickelten Verpackungstechnik – man benutzte als Einwegpackung Holzfässer, die von den Garmischern geliefert wurden – hätte man den gebrannten Gips wohl kaum auf dem Floß transportieren können, ohne daß er naß geworden wäre.

Gestampft wurde das ganze Jahr über, da der Gießenbach immer genug Wasser führte: »Die Mühle . . . von 6 Stämpfen ist im Stande täglich 20 bis 25 Metzen Gyps herzustellen. Weil nun das Mühlwasser aus einer nahen Bergquelle kommt, so wird selbe den ganzen Winter im Umtrieb erhalten. Daher erzeugt dieses Pochwerk, das Jahr zu 260 Werktagen gerechnet, 5200 Metzen. Nebenher darf noch angenommen werden, daß jährlich 20 mit Stein beladene Flöße aus dessen Bruch nach München gehen. Jeder Floß zu 100 Metzen angeschlagen, beträgt mehrmals 2000 Metzen, welches mit dem Mehl 7200 Metzen ausmacht«. (P) Der Konkurrent Hämmerl lieferte nur die Hälfte. »Die beyden Gipsbrüche von Oberau liefern also allein das Jahr über 10 800 Metzen. Der größte Theil dieses Minerals wird nach München geführt, der übrige aber sowohl auf der Isar ins Österreich als auf der Achse nach Schwaben versendet«. (P)

Die Produktionsangaben, die Prändel macht, sind eher eine untere Grenze. Hatte man im Stampf einen fleißigen Knecht wie den Bernhard Pfefferle aus der Leutasch (was von der Familie immer freudig notiert wurde), konnte man auch mehr absetzen: »Bernhard Pfefferle stund den 21. dieß in der Gipsmille ein. Dieser war ein Tyroler aus der Leutasch gebürtig. Er arbeitete fleißig und streng und machte sehr vill Gips«. (Ch) Und ein Jahr später heißt es von ihm: »Der Bernhard unser Gipser hate seit den 21. September 1785 da er eingestanden, biß den 24. September 1786 bey 5800 Metzen Gips gestoßen, welches bey uns dieses Jahr fleißig bemerkt worden ist«. (Ch)

In manchen Jahren wurden auch weit mehr als 20 Gipsflöße nach München gebracht. Die höchste in der Chronik vermerkte Zahl war im Jahre 1738 siebenundvierzig. Wie gut man die »reißente« Nachfrage ausnutzen konnte, hing sehr von einem Mann ab, dem »Gipser« im Stampf. In diesem Betriebsbereich hatte die Familie weit mehr Glück als mit den Knechten und Mägden auf dem Hof. Wenn auch die alte Streitlin, eine Witwe und ihr Sohn, die ein Bloßhäusel schräg gegenüber der Mühle, außerhalb des Dorfes, bewohnten, offenbar nicht sonderlich fleißig waren, so gab es doch außer dem gerade gerühmten Bernhard Pfefferle auch noch andere Knechte, die gelobt wurden. Zu ihnen gehörte der Hirte Franz Diedl aus Lenggries, der im Sommer zuvor noch im Ort das Galtvieh gehütet hatte und von dem es anerkennend heißt: »Er war ein guter Gipser, arweithete geschickt und fleißig und wenn an der Mill etwas fehlte so konnte er wieder alles machen«. (Ch) Oder der Sebastian Lindauer, der nach dem altersschwach gewordenen Bernhard Pfefferle eingestellt wurde und von dem in den Aufzeichnungen zu lesen ist:

»Sebastian Lindauer, der vorjährige Oberknecht, ging an seine Stelle, welcher gleich Anfangs weit mehrer Gips machte als der vorige Gipser. Mit ihm haten wir auch im Gipsbruch desto mehr Arbeit um allzeit genug Steine zu

Gipsbruch und Stampfmühle der Daisenbergers auf einer Straßenkarte; 1763

haben, doch haten wir wegen starken Abgang des Gipses fast immer zu wenig«. (Ch)

Die Daisenbergers selbst lieferten ausschließlich nach München. Nur ihre bäuerlichen Kollegen fuhren gelegentlich weiter: » . . . der Hämmerl fuhr mit Gips 2mall auf Wien. Auch wir selbst gaben den Wirth unterberg 400 Metzen und dem Titen von Wolfratshausen 294 Metzen Gips welche ihn ebenfalls auf Wien führten«. (Ch)

Die Geschäfte mit dem begehrten Gips gingen auf dem Daisenbergerhof glänzend. Die zunehmende Tendenz, die früher aus Holz gebauten Häuser nunmehr aus Stein zu errichten und die wachsende Beliebtheit des Minerals als

Düngemittel brachten es mit sich, daß die Familie fast immer zu wenig Gips hatte:

1783: »Arweith war genug in unserem Haus, weill der Gips sehr stark abgieng. Wir führten 45 Flese auf München, kamen aber erst den 22. November von letzter Lieferung nach Hause«.

1786: »Die Anzahl der Gipsflese belief sich auf 47«.

1789: » . . . der Gips ging weg so viel wir immer hatten«.

1790: »Der Gips ging zu Land und Waßer reißent dahin. Alle waren gesund und die Arbeit ging recht wohl von staten«.

1791: » . . . weil der Gips aller reißent wegging, so hate der Michael ein sehr gutes Jahr«. (Ch)

In den Wintermonaten, in denen am Bau nicht gearbeitet und auch kein Düngegips benötigt wurde, arbeitete man auf Vorrat. So heißt es für das Jahr 1786: »1800 Metzen haten wir schon im Winter in zwo Hüten auf die Luisach geführt und zu Ostern war auch die Gipsmille schon voll«. (Ch)

Die vorübergehende Absatzflaute des Jahres 1788 konnte für den Neubau einer Mühle und die Errichtung eines neuen Brennofens – von ihm war immer Feuergefahr ausgegangen – außerhalb des Stampfes genutzt werden: »Der Vater bestellte Maurer und ließ die Gipsmill ganz ummauren. Da die Wände zuvor nur von Holz waren. Am 4. Juny wurde angefangen und in 5 Wochen war alles fertig sammt den Gipsbrenn Ofen welchen der Vater nunmehr außer der Mille machte und der Gmain für den Boden einen andren von der gießenwieß überließ. Der gipsverschleiß auf München war damals nicht so stark, darum haten wir Zeit genug die Mille zu bauen. Aber im Herbst und Winter haten wir beynahe zu wenig Gips: Schwaben und andere Leute kamen auch und führten allen Gips reißent fort«. (Ch)

Die Pioniertat der Daisenbergers, die dem Ort das Prädikat »Das tätige Oberau« einbrachte, sollte im 19. Jahrhundert zum großen Segen des Dorfes werden. Da in den Wirren der Napoleonischen Kriege der Handelsverkehr mehr und mehr zurückging und auch die Aufhebung des Klosters Ettal zu wirtschaftlicher Stagnation führte, gingen nach und nach alle Bauern zur Gipsproduktion über. Die Familie selbst verdoppelte die Produktion. Für das Jahr 1803 heißt es in den »Darlegungen des Landgerichts Weilheim an die Generallandesdirektion vom 7. März 1803«: »1. Gipsbruch zirka 300 Schritte vom Bruch entfernt. Gips sehr reichlich. Täglich 4 Arbeiter und 2 Rösser zur Beförderung benötigt. Wöchentlich 300 Metzen, ist jährlich 15 600 Metzen, der Metzen a 7 kr. Besitzerin ist Witwe Katharina Daisenberger von Oberau«.

In der Mitte des 19. Jahrhunderts gab es in dem kleinen Dorf, das damals kaum 120 Seelen zählte, schließlich 12 Gipsmühlen. Nicht eine davon steht heute mehr.

RIESEN UND KLAUSEN

Von der Arbeit im Bergwald

»... gegen mittag an die Werdenfelsischen Granitzmarchungen (Grenze) hinauf an den Haspel, vom gemeldten Haspel yber die farmeslayn an das hennögg, von dann hinab in den obern und undtern Wald, von dem letzt gemeldten Untern Waldt hinyber yber die Loisach und an den hechenberg ...« So beginnt die »waldt und holz beschreibung deren sambtl. Ettalischen Undterthanen ober Au, so sie auf gehorsamst unterthenigst anhalten zu geniessen haben«, die den Auer Bauern sehr großzügige Holzrechte einräumte. In allen Waldungen des heutigen Gemeindegebiets durften sie Holz schlagen, seit 1744 auf »bittliches anhalten« auch am Kienberg, der für den Abtransport besonders günstig gelegen war.

Zunächst nur für ihre eigene »Notdurft«, also für den eigenen Brennholzbedarf, zum Bau von Zäunen und zur Ausbesserung der Stadel und Häuser, eine Einschränkung, an die sie sich aber nicht hielten, wie bei Klostervisitationen festgestellt wird. Dort wurde mißliebig aufgenommen, daß die Bauern die Bäume aus dem Klosterwald nach eigenem Gutdünken verwendeten und sogar ins Ausland verkauften, während sie ihre eigenen Häuser herunterkommen ließen. Später, hauptsächlich durch den Vergleich des Jahres 1684, wurde ihnen durch Rechtsspruch weit mehr als das Schlagen von Bau- und Brennholz für den eigenen Bedarf eingeräumt. Sie hatten beinahe das ausschließliche Nutzungsrecht in den für sie eingemarkten Wäldern. Für jeden Klafter Brennholz und für jeden Baumstamm zur Hausnotdurft mußten sie 1 kr. Anweisgeld bezahlen. Was sie für den freien Holzhandel schlugen – ein Recht, von dem die Daisenbergers ausgiebig Gebrauch machten –, mußten sie teurer bezahlen: Für 1 Klafter weiches Brennholz waren 6 kr Stammgeld zu entrichten, für hartes Brennholz 10 kr, und für jeden Nutzholzstamm 8 kr.

Die Daisenbergers erwarben seit dem Jahr 1774 auch Holz zum Brennen des Gipses. In den Aufzeichnungen lesen wir über den Vater: »Er erhilt auch Erlaubnis das Holz zum Brennen in den gemeinsamen Waldungen zu Au hier schlagen zu dürfen, doch so, daß er von demselben der Herrschaft das gewöhnliche Stammgelt, nämlich von der Klafter 6 Kreuzer erlegen sollte«. (Ch)

Dem Kloster blieb gar nichts anderes übrig, als solche weitgehenden Zugeständnisse zu machen. Was sonst hätten sie im Gebirge, das kaum den Anbau von Getreide zuließ, den Siedlern bieten sollen, was den Bauern als Gegenleistung für Scharwerkdienste geben können? Verglichen mit den Anteilen, die den Bauern zur Nutzung überlassen wurden, war das Gebiet, das das Kloster selbst nutzte, gering. Die Nutzungsrechte waren im wohlverstandenen Eigeninteresse der Benediktiner. Wie großzügig die Benediktiner verfahren waren, merkte man erst so richtig, als das Kloster aufgehoben wurde und die Bauern für den Wegfall der Nutzungsrechte durch Holzteile entschädigt werden mußten.

1777 wurden die gemeinsamen Wälder geteilt. Die Daisenbergers erwähnen diese für sie außerordentlich wichtige Maßnahme in ihren Aufzeichnungen: »Bey uns wurden im Monat May die Wälder geteilt, davon wir 8 Holztheile bekomen haben«. (Ch) Die Wälder blieben selbstverständlich im Obereigentum des Klosters, das sich im wesentlichen auf die Aufsicht beschränkte, man teilte aber den einzelnen Bauern die Schläge zu. Dabei mußte darauf geachtet werden, daß jeder gleichmäßig an schlechten und guten bzw. leicht und schwer auszubringenden Beständen beteiligt war. Einigkeit unter den Auer Bauern herbeizuführen, war vermutlich nicht einfach. Der Daisenbergische Stoßseufzer, »es ist eine gute Sache! Aber es brauchte vil« (Ch), deutet jedenfalls darauf hin.

Das Einbringen des Holzes war nicht immer leicht. Manche den Auern zustehende Nutzungsgebiete waren so unzugänglich, daß selbst in den Waldbeschreibungen eingeräumt wurde: » . . . ist solches Holz aber wegen ybermessiger weiten hart auszubringen«, und von einigen Waldteilen heißt es ausdrücklich: »ist ein unnützbarer waldt«. Die Auer Bauern holzten selbstverständlich vornehmlich dort, wo der Abtransport verhältnismäßig einfach war, also in der Nähe einer Straße oder eines Wasserlaufs. Dies fand nicht immer die Zustimmung des Prälaten, der einmal ziemlich ärgerlich über sie bemerkt: »An holz würde es denen Bauern zu keiner Zeit gebrechen, wann es nur an ihrem Fleiß und Arbeiten ihnen nit mangelte, eben sie ihrn unzulässige Gelegenheit sich allzusehr zu bedienen zu des Closters Ettal ungemain großen Schaden nur fürwerdts (von des Gießenbachs Ursprung) gegen den Mandl das Holz ab und auffahren, hinter sich werdts aber . . . an die erste Ettaler Hitn viele hundret Clafter verfaulen lassen, welches alle hätte kennen zu Nuzen gebraucht werden, wann die Bauern die von denen Wildbratschizen abgebrannte Clausen repariert hetten«.

Die Arbeit im Bergwald war mühsam und gefährlich. Michael der Jüngere und Michael der Ältere haben nicht viel darüber geschrieben. Es war alltägliche Arbeit, die die Familie seit vielen Generationen verrichtete. Was sollte man davon viel erzählen? Nur einmal lesen wir: »Dieses Jahr haben wir auch 65 Floßbäume auf die Loisach gebracht. Selbe lagen noch zu Liechtmess im Mauergraben auf dem Kienberg in Aesten, doch bei so gutem Wetter brachten wir sie bald herab. Die halben Bäume konnten wir mit dem Schlitten, die übrigen auf dem Wagen zur Loisach führen«. (Ch)

Um so ausführlicher berichtet Prändel, der als Daisenbergischer Knecht selbst »beynahe 5 Jahre lange dergleichen beschwerliche Arbeiten in den Ettalischen Gebirgen mitgemacht hat« (P), über die schweißtreibende Arbeit an den Hängen des Mühlbergs, des Kienbergs und des Estergebirges. Seine Schilderungen geben uns eine sehr plastische Vorstellung von den ungewöhnlichen Anstrengungen der Holzgewinnung zu einer Zeit, da es noch kaum mechanische Transporthilfen gab.

Das Ausbringen des Holzes war für die Auer Bauern selbst aus zugänglicheren Waldungen wie dem nicht allzu steilen Ober- und Unterwald schon mühsam genug. Die Schwierigkeit lag hier vor allem in den schlechten Wirtschafts- und Forstwegen. Nur im Winter waren sie einigermaßen befahrbar. »Was das Ausbringen des Holzes aus großen Waldungen in der Ebene betrifft, kann dies größtentheils nur in strengen Wintern geschehen. Die sogenannten Holzwege sind meistens holpericht, immer naß, daher an einigen Orten erstaunlich ausgefahren, oft sogar auch pfützig oder von Wurzeln der Bäume durchschlungen und noch dazu weit entlegen. Man muß manchmal im Sommer und noch mehr im Herbste 3 bis 4 wackere Pferde oder Ochsen haben, um vielleicht den ganzen Tag über eine halbe Klafter an Ort und Stelle zu bringen, wo dann noch dazu Vieh, Wägen und Geschirr unglaublich hergenommen werden. Nur ein strenger Winter ist im Stande, diese Wege auszutrocken, haltbare Brücken vom Eise über Pfützen und Möser oder über einen See zu schlagen, die rauhen und holprichten Geleise, so wie die wurzichten Gestäpfe mit Schnee auszufüllen und anzuebnen, folglich einen ganzen Wald nach der Länge und Breite fahrbar zu machen. Ist einmal ein solcher Weg gebahnt, so kann man dreymal mehr Holz in dreymal weniger Zeit nach Hause schaffen, ohne dabey ein sonderliches Versäumnis wie im Sommer meist der Fall ist, zu machen«. (P) Schneite es auf die Moosböden, von denen es in Au genügend gab, ohne daß der Boden hinreichend gefroren war, mußte man sich regelrecht einen Weg bahnen. »Es gehen nämlich zwey oder drey gestiefelte Männer Arm in Arm mit kleinen Schritten durch das Moos, stampfen den Schnee hinein und verursachen dadurch nach den Gesetzen der Wärmetheorie, daß die Erde eher und stärker gefriert«. (P)

Noch weit mühsamer für Mensch und Zugvieh war es freilich an den steilen Hängen, an denen im Loisachtal kein Mangel war. Wenn man die Erinnerungen des Daisenbergischen Knechts liest, kann man sich vorstellen, daß der Kalorienverbrauch der Holzarbeiter sehr hoch war, weshalb auch verständlich ist, warum eine der häufigsten Klagen der

Knechte in der damaligen Zeit darin bestand, die Bäuerin spare mit dem Schmalz.

Prändel beschreibt die Schwierigkeiten im Oberauer Gebirgswald recht anschaulich: »Man muß sich vorstellen, daß die aufsteigenden Flächen eines Berges nichts weniger als immerzu gerade fortgehen. Er hat seine unregelmäßigen Abstuffungen, die manchmal eine Horizontalebene, manchmal eine Vertiefung oder sogenannten Schoos, oft auch förmliche Thäler von beträchtlicher Tiefe bildet. Wird nun der Baum ober einer oder mehrern solchen Horizontalebenen oder Vertiefungen im Frühjahre gefällt, von der Rinde entblößt und im Herbste sauber ausgeästet, so jagt man ihn durch Hilfe der Griffe, welches dicke mit geißfußähnlichen beschlagne Stangen oder Tremel sind, bey feuchtem Wetter oder auch über Schnee und Eis den Berg hinunter. Natürlich bleibt er in einer solchen Abstuffung liegen. Man muß also bis dorthin Steige aushauen, um ein Zugvieh hinaufzubringen, welches diesen Baum holt und ihn an ein Stelle schleppt, von wo aus man ihn wieder weiter zu jagen im Stande ist. Dieses Hinabtreiben der Bäume über Felsenwände und das Hinaufführen des Zugviehs über die steilsten Schrofenpfade ist mit der augenscheinlichsten Leib- und Lebensgefahr der Menschen und des Viehs verbunden«. (P)

Natürlich wurde bei dieser Transporttechnik sehr viel Holz, auf das bereits Arbeit verwendet worden war, zerstört: »Auch werden oft die schönsten Holzstämme zu Schanden gejagt. Denn wenn so ein Baum der 30 bis 40 Zentner und darüber hält im freyen Fall manchmal 100 ja auch 200 Schuh herniederstürzt und dann mit einer Gewalt, die sich zu der von 1 Schuh Fallhöhe wie 20:1 verhält, mitten auf einen Felsen aufstößt, so kann man sich leicht einbilden, daß der stärkste Baum noch eher entzwey reißt als ein kölnisches Pfeifenrohr, wenn es vom Tische auf den Boden fällt. Stürzt der Baum bey so einem gräßlichen Sturz an eine Felsenspitze, so ist der ganze Stamm der Länge nach richtig in seine zwo Hälften zerlegt oder es splittert sich, wenn es noch recht glücklich geht, ein gutes Drittel vom Baume los. Diesem Unheil sind vorzüglich die Buchen und Ahorne

Zeichnung einer Riese nach einem historischen Photo

unterworfen, weil sie beinahe noch einmal so schwer als Fichten sind und demungeachtet der kliebenden Keilgewalt weit weniger Widerstand leisten. Am öftesten geschieht es aber, daß sich der Baum während seines Falls einmal oder mehr ganz über und unter sich kehrt und wenn die Erde nicht wohl gefroren ist, mit seinem kleinen Orte 8 bis 10

Schuh tief in sie hineinfährt, wo er dann natürlich von neuen umgehauen werden muß«. (P)

An vielen Stellen des Oberauer Bergwalds vermochten auch die Zugtiere nichts mehr auszurichten. Man hatte sich aus diesem Grund die Technik der Riesen und Klausen einfallen lassen, die der Daisenbergische Knecht sehr genau schildert:

»Man kann sich leicht vorstellen, daß diese Gebirgsgegend viel zu rauch und zu steil ist, als daß man jemals daran denken könnte, das daselbst geschlagene Holz auch mit einem sehr großen Aufwande, weder mit Pferd und Wagen, noch mit einem anderen Angespann herauszubringen. Um aber das Holz nicht ganz der Verwesung zu überlassen, mußte man auf Mittel denken, selbiges ohne diese Bedürfnisse von Ort und Stelle zu bringen. Dieses geschieht nun auf sehr beschwerliche Weise: Ehe man die Waldungen auf einem Berge zu verhacken unternimmt, wird vor allem darauf gesehen, ob sich nicht ein daselbst vorkommender Bergbach oder ein anderes Wasser, welches wenigstens zur Regenzeit etwas stärker anläuft, ausfindig machen läßt. Hat man dieses ausfindig gemacht, so überlegt man, ob nicht auf dem Gehänge herab eine künstliche schiefe Fläche angebracht werden könne, wodurch man das geschlagene Holz in jenen Graben, welchen das Wasser zur Flutzeit durchströmt, hinabschießen kann. Solche schiefen Flächen heißen Riesen«. (P)

Die Riesen wurden auf sehr mühsame Weise aus ganzen Bäumen gebaut, die man vorher entrindet hatte: »Es werden dann gewöhnlich 6 dergestalt aneinander gelegt, daß die zwey mittlern am tieffsten, die andern zwey etwas höher und das dritte Paar diesen zur Seite als ein Geländer gelegt wird. Die ganze Länge solcher 6 nebeneinander liegenden Bäume macht ein Fach aus. Es werden aber nach dem Unterschied der Höhe eines Gebirgs oder in dem Maaße als man mit der Holzfällung höher rückt, immerfort mehrere Fächer miteinander verbunden, so daß es Riesen von 100 und noch mehreren Fächern giebt. An den Orten, wo es wegen Vertiefungen oder einzelnen Erhabenheiten nicht möglich ist,

Marchzeichen des Daisenbergerhofs

die Fläche eben auf dem Boden hinlaufen zu lassen, werden sie auf Stützen gestellt, so daß das Ganze eine geradlichte, nur bisweilen gebogene schiefe Fläche bildet. Manchmal setzt eine solche Holzriesen über ansehnliche oft schaudervolle Tiefen, über Wasserfälle und kleine Thäler und zieht sich so eine ungewöhnlich weite Strecke bis an den Graben hin, der zur Holztreibung bestimmt wurde«. (P)

Hatte man die Riesen am Berghang in mühsamer Arbeit errichtet, mußte man auf den Herbst warten: »Sobald nun im Herbste die Bäume einer solchen Vorrichtung durch den gefallenen Thau oder Regen naß und schlüpfrig geworden sind, so wird das geschlagne und in Blöcke zerhackte Holz mit aller Gewalt in das selbige geworfen und da durch das Gesetz der Schwere sein Forteilen immer vermehrt wird, so fährt es, wenn es einmal ein erforderliches Stück Wegs zurückgelegt hat, wie ein Pfeil auf seine Bahn bis zum bestimmten Orte fort«. (P)

Um die Fahrt der Bäume zu stoppen, mußten auch Fangvorrichtungen gebaut werden: »Manchmal wurde der Holzbock durch die Gewalt seiner Kraft dahin gerissen, seinen Weg noch viel weiter fortzusetzen, als man verlangt; allein dieß zu verhindern, bauet man ihm förmliche Fänge (Maischen) entgegen, an die er anprellet und davon aufgehalten wird«. (P)

Die beschriebene Technik der Riesen war nicht immer erfolgreich, vor allem dann nicht, wenn der Holzplatz zu wenig steil war. Für solche Fälle mußte man andere Varianten benützen: »Geschieht es, daß ein Berg zu wenig Abfall oder Gehänge hat, die Reibungen also viel zu groß seyn und ein Block in seinem Laufe aufgehalten würde: oder auch daß die bloße Feuchtigkeit nicht hinreichend wäre, das Riesenbett so schlüpfrig zu erhalten, als erfordert wird, so muß man in solchen Orten mit dem Holzschießen so lange zuwarten, bis es später im Herbste gefriert und sich eine Art Glatteis auf den Bäumen ansetzt. Man heißt Vorrichtungen dieser Beschaffenheit Eisriesen«. (P)

Daneben gab es auch noch Wasserriesen: »Sollte es aber manchmal wegen zu großer Sanftigkeit des Gebirges auch auf diese Art nicht möglich werden, das Holz zu fördern, welches aber höchst selten geschieht, so werden Wasserriesen angelegt. Diese sind ordentliche Gerinne oder sogenannte Gefluder von ausgehaunen Bäumen, in welche zur Regenzeit das Wasser der obern Gehänge geleitet und wodurch der erwünschte Zweck dann auch noch erreicht wird«. (P)

Oft benutzten die Daisenbergers und die anderen Bauern für den Weitertransport auch noch die Technik der Klausen. (Wie erinnerlich, wurde eine solche Klause von den Tiroler Wildschützen einmal abgebrannt.) »Die abgetriebenen Holzblöcke ruhen an der für sie bestimmten Stelle in einem Graben, worin das herabstürzende Wasser auch zur Flutzeit nicht im Stande ist, das Holz weiter zu tragen. Man ist daher genöthigt, innerhalb eines solchen Platzes ein enges Thal oder vielmehr eine Felsenenge auszufinden, wo vermittelst dazwischen gebauter Schleusen oder ... Klausen das Grabenwasser im Laufe gehemmt, zu einer gewissen Höhe angeschwellt und dann mit ungleich größerer Gewalt losgestürzt werden kann. Diese Holzklausen sind starke, von dicken Bäumen aufgeführte Dämme, wo in der Mitte übereinander zwey und manchmal auch noch mehrere Schützen oder Stoßthore angebracht sind. So lange diese geschlossen gehalten werden, häuft sich das Wasser in dem ganzen rückwärts gelegenen Thale zu einem stehenden, tiefen und langen See an, der oft so stark emporschwillt, daß er die Höhe der Klause erreicht ... Kaum wird das höchste Stoßthor aufgestossen, so stürzt das Wasser mit einer unwiderstehlichen Gewalt in die Tiefe, reißt das Holz mit sich fort und das so lange als ein Stoßthor zu öffnen übrig und der künstlich angelegte See abgelaufen ist«. (P) Eine solche Klause hatten die Auer Bauern »im sogenannten Kessel, woraus der Gießbach entspringt«. (P)

Hatte die »im Gebirg unternommene Holzarbeit auf irgend einem Berg ihr End erreicht, so werden gewöhnlich auch die Riesen von oben herab angegriffen, zu Blöcken abgehauen und auf gleiche Weise an Ort und Stelle gebracht. Dies ist in einer solche Gegend die einzig mögliche Art, das Holz zu versilbern«. (P)

So großzügig die Holznutzungsrechte der Bauern in den Ettalischen Forsten auch waren, so waren die Verdienstmöglichkeiten doch recht begrenzt. Knechte, die sich diesen Strapazen im verschneiten Bergwald unterziehen wollten, waren damals eher Mangelware. Viele Ehalten verdingten sich wohl lieber im nahen Voralpenland, wo man sich im Winter etwas leichter tat. Außerdem konnte man sich auf dem Daisenbergerhof natürlich nicht nur auf die Waldarbeit konzentrieren. Auch die Arbeit im Gipsstampf durfte nicht vernachlässigt werden. Für die Floßsaison, den Bedarf an Düngegips im Frühjahr und die Bausaison mußte in der kalten Jahreszeit auf Vorrat Gipsstein gebrochen, gestampft und gebrannt werden. Schließlich brauchte man das Floß auch als Transportmittel für den Gips. In manchen Jahren hätte man Bäume für 45 Floße schlagen müssen, dazu noch Brennholz für daheim und den Brennofen. Das hätte die Kräfte der Familie und der Ehalten ohne Zweifel überfordert. Die Daisenbergers betrieben deshalb auch noch den Holzhandel und verdienten an der Handelsspanne. So erwarb Vater Daisenberger im Frühjahr 1777 »von Mathias Puchwißer von Garmisch 90 Floß Bäume, jeder war 50 Schuh lang und gaben 8 recht schöne Flöße ab«. (Ch) Und im Sommer (1773) »kaufte der Vater bey der Landbrücke im Oberland 127 Bäume. Diese waren aus Ettalischen Waldungen und welche wir ohne Mauth ins Land herein haben fiehren dürfen«. (Ch) Beim Handel wechselten zum Teil erhebliche Geldsummen den Besitzer: »Diesen Frühling kauften wir zu Farchant von verschiedenen Leuten 630 Floßbäume um 880 fl 20 kr«. (Ch)

Dieses Beispiel zeigt auch deutlich, daß man auf dem Hof für den Holzhandel erhebliches Betriebskapital benötigte. Der Weiterverkauf der Bäume brachte meist Gewinn, da in

München das Holz dringend gebraucht und gute Preise bezahlt wurden. (Der Preis, den die Ettaler verlangten, blieb konstant, die Verkaufspreise stiegen in der Zeit von 1765 bis 1797 aber kontinuierlich an.) Nur einmal, im Jahre 1767, hatte man sich verspekuliert: »Der Vater verlor dieses Jahr an den Floßen 100 Gulden, weil er die Bäume zu teuer eingekauft hatte«. (Ch) In der Säkularisation bekamen die Bauern von den rund 1350 Tagwerk des Reviers Oberau 1155 Tagwerk als Entschädigung für die großzügigen Nutzungsrechte, die ihnen das Kloster Ettal immer eingeräumt hatte.

Schon als diese Zeile des Loisachtallieds entstand, war sie nur noch wehmütige Reminiszenz. Mindestens fünfhundert Jahre waren die Floßleute loisach- und isarabwärts gefahren, dann machte sie die Eisenbahn, die immer weiter ins Oberland vordrang, nach und nach brotlos. Wetterharte Bauern und Knechte aus dem Werdenfelser Land und dem Klostergericht Ettal hatten viele Generationen Holz, Holzkohle, Kalk, Holzschindeln, Gipssteine, Gips, Wetzsteine und gelegentlich auch Passagiere nach München, Freising, Landshut und donauabwärts nach Wien und Budapest gebracht. Schon 1536, also etwa um die Zeit, als die Daisenbergers in das Dorf kamen, heißt es, daß die »von Au aus der Ettaler Hofmark Flöße und Kohlholz bis an den Ramenstain« schlagen. In den Münchner Kammerrechnungen erscheinen mit Beginn des 16. Jahrhunderts zunehmend die Namen von Flößern aus dem oberen Loisachtal.

Manchmal trugen die Flöße auch eine traurige Fracht, wie zu Anfang des 17. Jahrhunderts: Zunächst hatten sich, begünstigt durch den Verkehr auf der Rottstraße und das Schnitzhandwerk, in Oberammergau die Bevölkerung und die Behausungen immer stärker vermehrt. Dann wurden die Leute aber durch eine Verschlechterung der wirtschaftlichen Lage »zu viel und unwerth«. Der Abt handelte schnell. Er ging durch den Ort und schaute nach neuen Unterkünften. Wo er welche fand, wurden die neuen Stuben abgerissen, die Öfen eingeschlagen und die Einwohner vertrieben. Wer nicht freiwillig ging, wurde auf Wägen geschmiedet und nach Au gebracht, von wo ihn der Flößer Gindhart mit Weib und Kind mit dem Floß nach Österreich deportierte. Auch Delinquenten aus dem freisingischen Werdenfels, die in Freising der Prozeß erwartete, fuhren flußabwärts.

Geldkatze eines Auer Flößers

Die Floßfahrten waren keine romantischen Schiffspartien, sondern eine gefährliche und schwere Arbeit, streng reglementiert durch Floßordnungen. Etwa 15 Stunden auf den teilweise aneinander »gestrickten« Floßen (durch die Floßordnung eigentlich strikt verboten), Transportmittel und Transportgut zugleich, Fahrten bei Wind und Wetter, Fahrten von Ende März bis in den Spätherbst hinein auf einem unregulierten Fluß, der seinen Lauf immer wieder veränderte und den Flößern ständige Aufmerksamkeit abverlangte. Vorne der »Ferg« am Hauptruder, neben sich ein zweites Ruder als Reserve, das bei Hochwasser ein »Drittfürg« bediente, an der Rückseite ein Steuerruder, das der »Stürer« stehend und, wie der »Ferg«, ohne Unterstand bediente. Vorbei an Stromschnellen, vor allem an den Überfällen bei Thalkirchen und am Georgenstein bei Grünwald, der gefürchteten Flößerpassage. Am Ende zähes Verhandeln mit den Käufern der Fracht. Danach ein langer Fußmarsch zurück ins Loisachtal mit gutem Geld in der Geldkatze – wenn der Durst unterwegs nicht zu groß war.

Die Floßfahrt nach München prägte den Alltag der Familie Daisenberger. Der Vater, die Söhne und die Ehalten waren viele Tage im Jahr unterwegs zur Landeshauptstadt und zurück. So wird z.B. aus dem Jahre 1780 berichtet: »Der Gipsverschleiß nach München war groß, so daß wir diesen Sommer 46 Gipsflese und 4 Holzflese auf München fihrten«. (Ch) In manchen vom Wetter begünstigten Jahren pendelte man acht Monate lang ständig zwischen dem Loisachtal und der Landeshauptstadt hin und her: »Schon den 17. Merz sind wir mit Gipsflesen auf München gefahren. Der Herr Lerch hatte Mangel an Gips. Alein wir ließen ihn nicht lange mangeln, sondern lieferten so streng, daß wir diesen Sommer 39 Flese mit Gips auf München führten. Den 24. November kam der Vater von letzter Lieferung nach Hause«. (Ch) Die Geschwindigkeit eines beladenen Floßes betrug je nach Wasserstand zwischen 6,5 und 9 Kilometer pro Stunde. Für die Fahrt brauchte man etwa 12 bis 17 Stunden, der Heimweg wurde zu Fuß zurückgelegt. Bei Dunkelheit und Nebel durfte nach der Floßordnung nicht gefahren werden.

Präziser und gewissenhafter Berichterstatter auch hier Johann Georg Prändel, der selbst so manches Mal mit dem Floß von Au in seine Vaterstadt gefahren war:

»Diese Flöße werden hier in beträchtlicher Anzahl mit Brennholz, Brettern, Dachschindeln und Gyps beladen, welche teils nach München, theils nach Freysing kommen. Ihre Länge beträgt aber nur 45 bis 55 Schuh, doch sind die Bäume schöner, mehr gerade und gleich dicker als die, welche auf der Isar geliefert werden. In Au wo jeder Bauer jährlich Bäume auf drey Flöße schlagen und dieselben mit Brennholz oder Kohle beladen darf, trifft man auch wieder eine Menge der schönsten Bäume aus den ettalischen Klosterwaldungen an, die theils aus dem Graswang, theils vom so genannten Oesterberge ausgebracht werden.

Was die Flöße selbst betrifft, so sind sie aus sehr schönen Bäumen und mit großer Festigkeit gemacht. Das letzte erfordern die vielen hohen Senkbäume und Wuhren, über welche dieselben fahren müssen. Es kann aber kein Floß breiter sein als 18 Schuh, weil sie alle die langweilige Umfahrt durch den Kochelsee vermeiden und sich durch den Kanal bey Benediktbeuern bequemen müssen, welcher gerade die eben genannte Breite hat. Dieser Kanal wurde auf Churfürstliche Kosten gegraben und ist daher noch immer jeder Floß mit einer geringen Taxe von 6 Kreuzer belegt. Benedikt Daisenberger war es, der die Fahrt durch diesen Kanal mit seinen Gypsflößen eröffnete, da man vorher im Kochelsee oft anderthalb Tag lang sich herumarbeiten mußte«. (P)

Der Kurfürst, der den Kanal hatte bauen lassen, war Max Emanuel, und Benedikt Daisenberger, der die Jungfernfahrt durch ihn gemacht hatte, war der Vater und Großvater der beiden Chronisten. Max Emanuel hatte den Bau des Floßkanals veranlaßt, um den Transport von Material für seine umfangreichen Baumaßnahmen (u.a. Schleißheim und Nymphenburg) zu beschleunigen. Die Fahrt durch den Kochelsee dauerte in der Regel zwei Stunden. War der Wind ungünstig, konnte sie weit mehr Zeit beanspruchen. Die »gemeinen Flöße«, wie sie Prändel nennt, bestanden aus 15 bis 16 Bäumen, daneben gab es aber auch noch sogenannte Waldschragen, »wobei gewöhnlich nur drey Bäume sind, deren Ladungen aber theils in Brettern, theils in Riegeln und Riemlingen bestehen«.

Wie gut das Floßwerk auf der Loisach florierte, hing sehr vom Wasserstand des Flusses ab. Von einem wasserarmen Frühjahr hören wir: »Vom neuen Jahr biß nach Ostern schnie oder regnete es nicht. Auch dort regnete es nur etliche Minuten bey uns und alsdan keinen Tropfen mehr biß am heiligen Dreyfaltigkeit Sonntage. Das Waßer war so wenig in der Luisach das wir 14 ganzer Täge zu thun hatten biß wir 4 Flese nach München brachten«. (Ch)

Während im Frühjahr und Sommer die Loisachflöße die gleiche Ladung aufnehmen konnten wie die Isarflöße, »verlangten sie im Herbst Nachsicht, weil dieser Fluß um diese Jahreszeit sehr stark an Wasser abnahm«. (P) Da konnte es, wie etwa im Jahre 1786, schon einmal passieren, daß man das letzte Floß nicht mehr nach München brachte, sondern wieder auseinandernehmen mußte: »Die Anzahl der Gipsflese belief sich auf 47, den 48. luden wir wieder ab und riten ihn aus (brachten es an Land) weill er zu stark war, im

Herbst bey so kleinem Wasser fort zu bringen. Den nächsten Tag nach Andreä, am 1. Dezember, kam unserer Michael von der letzten Lieferung von München nach Hause«. (Ch)

Aber nicht nur zu wenig, auch zu viel Wasser behinderte die Flößerei: »Den 26. und 28. September war jenes berufene Landgewässer zu Michaely, welches ville Verwüstungen verursachte. Selbes traf auch uns, denn der Vater hatte eben 6 Flese auf der Luisach. 4 Flese standen im Gewässer schon zu Wolfratshausen, einer stand zu Weill und einer daheim. Alle 6 Flese mußten weil sie entweder verronnen (vom Fluß weggeschwemmt) oder trocken gefallen, abgeladen, erschlagen und mit großen Unkosten zu dem Wasser geführt, wider gemacht werden und geladen werden. Der Vater verlohr dieses Jahr an den Fleßen 100 fl, weil er die Bäume zu theuer eingekauft hatte«. (Ch)

Loisachflößer in der Nähe von Au; um 1900

Die Flößer aus Au waren in der Floßfahrenden Gesellschaft zusammengeschlossen und hatten ein heute noch erhaltenes Zunftzeichen.

In der Nähe des Ganterplatzes an der Loisach hatten sie ihrem Schutzpatron, dem heiligen Nepomuk, eine Kapelle errichtet. Bevor die gefährliche Reise begann, wurde dort noch ein Gebet gesprochen. Im Berichtszeitraum fuhren die Daisenbergers nur nach München. Lediglich einmal erzählt Michael der Ältere von Bauern des Orts, die bis Wien fuhren, aber das war offensichtlich eine Ausnahme. Der Transport in die österreichische Hauptstadt war wegen des langen Aufenthalts auf Loisach, Isar und Donau und des zeitraubenden Heimwegs wahrscheinlich nicht sonderlich rentabel.

Es ist erstaunlich, daß es mit so wenigen Arbeitskräften gelang, eine solche Menge von Flößen in einer Saison nach München zu bringen. Kamen der Vater, die Söhne und die Knechte aus der Landeshauptstadt zurück, mußten schon wieder das nächste Floß und die nächste Ladung mit Gipssteinen bereit liegen. Hätte die Familie das gesamte Floßholz selbst schlagen müssen, wäre dies nicht möglich gewesen. Nur durch Zukauf von Holz von anderen Bauern und durch die Produktion von Gipssteinen auf Vorrat im Winter konnten sie ihren Lieferverpflichtungen nachkommen.
Über die häufigen Fahrten, den Aufenthalt in München und den langen Fußweg zurück nach Oberau erzählen uns die Chronisten nicht viel. Die Reise loisach- und isarabwärts und der Heimweg waren Routine. Die Landeshauptstadt war ihnen und ihren Vorfahren vertraut. Die Daisenbergers waren keine hinterwäldlerischen Bauern, die, wie Peter Lahnstein es einmal formuliert hat, beim Besuch in der Residenz »blöde, linkisch, mit offenem Maul einer Hofkalesche nachgafften«.

Zwei Aufenthalte in der Landeshauptstadt haben Vater und Sohn allerdings doch so beeindruckt, daß sie ihre Eindrücke in der ihnen eigenen knappen Sprache zu Papier brachten. Das erste Ereignis war 1778 die Übersiedelung des Kurfürsten Karl Theodor von Mannheim nach München.

»Den 9. Oktober waren der Vater, Benedikt und Philipp in München bey dem prächtigen Einzug Karl Theodors. Wir staunten an solcher nie gesehener Pracht und an der Menge des scharmanten Volkes.« Die zweite Begebenheit war der Besuch Papst Pius' VI. 1782 in der Stadt: »Vater und Michael hatten auch das Glick zu München den hl. Vater Papst Pius VI zu sehen, zweymal haben sie seinen Segen bekommen, den 27. April beim alten Hof abends um 7 Uhr und am 28. dieß Monats am Sontage um 12 Uhr Mittags auf dem Platze. Die Kurfürsten von Trier und Baiern stunden neben dem Papst auf der an der Landschaft eigends hierzu errichteten Altare. Der Platz war eingedrungen von der großen Volksmenge. Fenster und Tächer waren angefillt mit Leuten«. (Ch)

Im Winter ruhte das Floßwerk. Für die Kalkführer aus dem Isartal gibt es einen Bericht von Hazzis, Anfang des 19. Jahrhunderts verfaßt, der uns sehr plastisch von der Winterbeschäftigung dieser Leute erzählt: » . . . im Spätsommer kommen dann die Leute mit viel Geld zurück, das aber den Winter durch beinahe wieder durchgebracht wird, weil das Wirtshaus . . . und die Spieltische von ihnen belagert sind«. Für das 18. Jahrhundert gibt es keinen Beleg dafür, daß sich die Auer Flößer in der kalten Jahreszeit ebenso verhalten haben. Insbesondere für die Daisenbergersöhne und den Vater selbst kann ich es mir auch kaum vorstellen. Für das Herumsitzen beim Schrenk in der Wirtsstube, wo heute noch das Zunftzeichen über dem Stammtisch hängt, hatte man sicher kaum Zeit. Im Bergwald, im Bruch, im Stampf und auf der Kienbergstraße war einfach zu viel zu tun, und allein auf die Knechte, die immer knapp waren, konnte man die Arbeit nicht abwälzen.

Daß jedoch die Loisachflößer auch keine Heiligen waren, davon berichtet nicht nur die mündliche Überlieferung, sondern auch ein Lied, das zugleich ein wehmütiger Abgesang auf die Flößerei ist:

A Woidschrogn is a Floaß,
Den jetzt nimmer a jeder mach'n ko.
Drum geahts her jetzt, ös junge Leut,
und schaugt's enk richti o.

Auf Minga und Passau
Hob'm ma Bretta obi gführt,
auf Wien san ma weiter gfohrn,
Bua, dort hot si was grührt.

In Wien hom ma gor ausglon,
An Floaß hom ma a verkafft,
An Hoamweg homma brav g'suffa
Und a a diam grafft.

Dös hot uns aber nix ausg'macht,
mir warn glei wieda guat.
Mir hobn dahoam wida insere Floaß gmacht,
Und san glei wieda furt.

Und a so hom mas betrieb'n
Ja scho sehr viele Johr,
Oba jetzt, meine liabn Leit,
Jetzt werd Floaßerei gor.

Es is ja zwar schod
und es war no ollerweil nett,
Wenn man no dia Eisnbo
und de vuin Schneidsogn net hätt.
Aba weils holt is net anders,
so denk ma uns dabei:
Pfüadigott du schöns Unterland
Pfüadigott Floaßerei.

UNTERM KRUMMSTAB IST GUT WOHNEN

Stimmt dieser Satz, der so oft zu lesen und schon zum geflügelten Wort geworden ist? Stimmt er für die Untertanen des Prälaten von Ettal? Was heißt überhaupt »gut wohnen«? Heißt es nur, daß die Untertanen sich einigermaßen satt essen konnten, ein leidlich dichtes Dach über dem Kopf hatten und daß sie im Winter nicht frieren mußten, oder heißt es, daß man auch Reserven für Krisenzeiten, Ernteausfälle und Viehseuchen bilden konnte? Fragen über Fragen, aber nur wenig präzise Antworten.

Für die Zeit von 1330 bis 1525 kommt der Ettaler Benediktiner Glasthaner, sicher nicht im Verdacht, klerusfeindlich zu sein, nach gründlichen Untersuchungen zu folgendem Urteil:

»An und für sich betrachtet, war die Lage der Bauern auch da, wo sie im Vergleich zu anderen Gegenden noch günstig war (also in unserem Gebiet, H.S.), doch schlecht genug, um Unzufriedenheit zu erregen; und solche Mißstimmung war denn auch überall vorhanden; aber die Erbitterung war nicht so groß, wie z.B. in manchen schwäbischen Gebieten, weil die Lage der Bevölkerung erträglicher war. Die aufrührerischen Ideen (gemeint sind die Forderungen der Bauern im Bauernkrieg 1525, H.S.) fanden darum auch hier nicht den fruchtbaren Boden wie anderswo«. Übrigens auch nicht im bayerischen Bauernaufstand von 1632 bis 1634, der von den Historikern oft unterschlagen wird, und schließlich auch nicht im großen Aufstand von 1705/6. Damals wurde der Abt von Abgesandten der aufständischen Bauern aufgefordert, »alle unsere baurschaft eilends« nach München hinabzuschicken, »weliches aber nit geschehen mit vorwant, das wir uns selbsten gegen tiroll im fall eines aufstands defendieren miessten«.

Wie war die Lage der Ettalischen Bauern nach dem Bauernkrieg, wie war vor allem die der Familie Daisenberger? Dabei sind nicht nur die Einkommensverhältnisse der Familie von Interesse, sondern auch das persönliche Verhältnis der Familie zum Abt und zum ganzen Konvent, dem auch ein naher Verwandter mütterlicherseits angehörte. Die Familienchronik gibt darauf keine Antwort: Nur wenige dürre Sätze über einige Äbte sind dort zu lesen:

»Schon in der Palmweihe (des Jahres 1779; H.S) starb Bernhard, der Prälat von Ettal zu München. Am Palmsonntag war seine Leiche zu Ettal ausgesetzt und Tags darauf begraben, alsdan wurde P. Othmar erwöhlet und erhielt am Pfingsttage das erste Hochamt mit allgemeinem Jubel der Underthanen«. (Ch) Und 1787: »Den 2. September ist Otmar der Hochgnädige Abt von Etal gestorben abends um 7 Uhr. Es war eben am Schutzengelfeste. Den 5. dieß wurde er in der Kirche nächst dem Taufstein beygesetzt. Die etallischen Geistlichen wählten den 3. Oktober den P. Alphons zu seinem Nachfolger einen gelehrten Mann«. (Ch)

Kein Wort des Bedauerns, ganz im Gegensatz zu der Eintragung beim Tod des Kurfürsten Max III. Joseph im Jahre 1777: » . . . das Ende dieses Jahres brachte uns Trauer weill den 30. December Maximillian Joseph unser Kurfürst gestorben«. (Ch)

Betrauert wurde auch der Pfarrherr: »Unser Herr Pfarrer von Gärmisch ist den 21. März zu Ettal wohin er auf den Benedikten Tag eingeladen war, unversehens gestorben, man betaurte ihn sehr«. (Ch) Aber darf man aus diesen unterschiedlichen Reaktionen wirklich ein gespanntes Verhältnis zum Ettaler Prälaten herauslesen? Bestimmt nicht, obwohl ich mir gut vorstellen kann, daß die Daisenbergers auf den Abt und den Konvent nicht immer gut zu sprechen waren. Denn eines ist sicher, auch wenn wir kein einziges Wort darüber hören: Konfliktfrei waren die Beziehungen der Familie und der übrigen Bauern zu den Benediktinern nicht. Die Urkunden sprechen eine recht deutliche Sprache.

Hier muß man ein wenig ausholen. Die Auer gehörten zum Kammergericht Ettal, dem außerdem noch Graswang und Ettal zugeordnet waren. Das Kammergericht war ein Untergericht des Klostergerichts Ettal, zu dem die weiteren Untergerichte Murnau und Ammergau gehörten. Der Abt war also nicht nur der Grundherr der Daisenbergers, sondern auch der Gerichtsherr. Der vom Kloster eingesetzte Kammerrichter war meist auch der Pächter des Klosterwirtshauses. Er übte über die Auer die Niedergerichtsbarkeit aus, in Hochgerichtsfällen mußte er das Verfahren bis zur Exekution führen. Die Exekution selbst übernahm der Richter in Murnau. Der Kammerrichter war auch für die Ausstellung von Heirats- und Übergabeprotokollen zuständig.

Andererseits gehörte der Ort aber seit Jahrhunderten, bevor das Kloster gegründet wurde, zur Urpfarrei Garmisch. Und damit saßen die Auer zwischen zwei Stühlen. Die Zugehörigkeit zur werdenfelsischen Pfarrei war den Ettalern ein Dorn im Auge. Insbesondere im 18. Jahrhundert versuchten sie immer wieder, auch die geistliche Jurisdiktion über die Filiale Au zu bekommen, ohne Erfolg übrigens. Die Benediktiner glaubten wohl, daß sie besser für das Seelenheil der Auer sorgen könnten als der Pfarrer aus dem Werdenfelsischen. Sicher ging es ihnen aber nicht nur darum, sondern auch um das erhebliche Vermögen der Kirchenstiftung St. Georg, das von jeweils zwei Bauern, den Zechpröbsten, unter ihnen immer wieder Daisenberger, verwaltet wurde. Die Ereignisse des Jahres 1754 waren allen im Dorf noch in schlechter Erinnerung. Michael Daisenberger der Ältere, selbst lange Zeit Zechprobst, hat die Vorgänge natürlich genauestens gekannt, auch wenn er und die übrigen Bauern nirgends in den Urkunden zu Wort kommen.

1754 war nämlich offenkundig geworden, daß die Ettaler mit dem Geld der Kirchenstiftung, 1794 immerhin 7 176 Gulden, die an 70 Bauern, davon nur zwei aus dem Ort selbst, ausgeliehen waren, ziemlich ungehemmt gewirtschaftet hatten. Sie hatten widerrechtlich Gelder »ohne vorwissen und willen des Pfarrers privative und zwar auch in ein auswärtiges bistumb« ausgeliehen, offensichtlich ohne daß die Auer Bauern, um deren schwer verdientes Geld es

sich schließlich handelte, dagegen etwas unternehmen konnten. Außerdem wurde einem Ettaler Untertanen in Graswang auf viele Jahre Geld geliehen, ohne daß Zins von ihm verlangt worden wäre. 345 fl, die sich der Pfleger von Murnau einmal ausgeliehen hatte und die nie zurückgezahlt worden waren, mußte man in den Kamin schreiben, weil aus dem Nachlaß des inzwischen verstorbenen Schuldners nichts mehr zu holen war. Weiterhin hatten die Ettaler zum Teil Darlehen ohne entsprechende Sicherheit gewährt, und schließlich wurde der Kirchenstiftung ein Schaden von rund 4 000 fl zugefügt, weil man viele Jahre versäumt hatte, ein Darlehen zu tilgen. Summa summarum ergab sich nach der Rechnung des Garmischer Pfarrherrn ein Betrag von etwa 5 000 Gulden, um die die Stiftung der Auer geschädigt wurde, gemessen an der geringen Einwohnerzahl des Ortes eine riesige Summe. Die verschiedenen Versuche des Abts sich zu rechtfertigen, fielen übrigens recht schwach aus.
Es ist keine Sensationsmache, wenn man die ganze Geschichte als Finanzskandal bezeichnet. Die Schlampereien und Eigenmächtigkeiten des Klosters, die zeigen, daß die Zechpröbste beileibe nicht immer so unabhängig und frei in der Verwaltung der Kirchengelder waren, wie das manche Historiker behaupten, hatten zu erheblicher Verstimmung geführt. Als der Pfarrer von Garmisch mit seinem Kooperator nach Ettal ging, um die Kirchenrechnungen mehrerer Jahre zu prüfen, ließ sich der Abt verleugnen. Der Prior nannte den Pfarrer einen »strittig-aigensinnigen« Kopf und warf ihn praktisch hinaus. Die Beziehungen waren schon vorher wegen der Auer Stiftungsgelder gespannt. Als sich einmal der Pfarrer und der Abt im Haus des Werdenfelser Pflegers trafen, soll der Prälat ihn »wie ein bissiger Hund angefallen« haben.

Ob sich die Auer zähneknirschend heraushielten, weil sie es weder mit dem Pfarrer noch mit dem Grundherrn verderben wollten, oder ob sie für den Garmischer Pfarrer Partei ergriffen, ist nicht bekannt. Geärgert hat sie die Selbstherrlichkeit der Patres mit Sicherheit. Die Ettaler beklagten sich ihrerseits, »sye haben mit der filial au die müh und der Pfarrer von gärmisch das einkomen und nur den blosen namen eines Pfarrers«. Sie brachten vor allem vor, daß sie häufig Sterbende mit den letzten Sakramenten versehen müßten, und sie lasen auch öfter in St. Georg die heilige Messe. Lag jemand im Ort im Sterben, so war es natürlich einfacher, einen Bauernbuben ins Kloster nach einem Geistlichen zu schicken. Den Kienbergweg konnte man in 30 Minuten hinauflaufen, in das neun Kilometer entfernte Garmisch brauchte man sehr viel länger. Da in der Filialkirche nur an wenigen Sonn- und Feiertagen vom Garmischer Pfarrer oder seinem Kooperator Messe gehalten wurde und der Weg zur Kirche nach Farchant oder zur Mutterkirche nach Garmisch eine bzw. zwei Stunden betrug und vor allem im Winter von alten und gebrechlichen Leuten nicht gegangen werden konnte, waren die Auer wohl auch froh, wenn gelegentlich ein Benediktiner einsprang und in St. Georg die Messe las.

Die Klagen der Patres über die Belastung durch die Seelsorge waren recht scheinheilig, denn die Benediktiner nahmen vermutlich sehr eifrig jede Gelegenheit war, um die Seelsorge in Au zu betreiben, konnten sie doch damit ihren Anspruch auf die Filiale und damit auch auf die eigenmächtige, weitgehend unkontrollierte Verfügungsgewalt über das von den Bauern gestiftete Geld stützen. Etwas später, in den Zeiten, als die Chronik entstand, beruhigten sich die Verhältnisse ein wenig. Die Beziehungen des Garmischer Pfarrers zum Kloster gestalteten sich friedlicher, man lud ihn zu hohen Festtagen nach Ettal ein, und die Auer Bauern, die selbst so gut wie gar nicht an ihre Stiftung verschuldet waren, liehen dem Kloster auf Geheiß des Bischofs von Freising 700 Gulden gegen einen Vorzugszins von 3%. Trotzdem wachte der Pfarrer immer noch eifersüchtig darüber, daß die Patres nicht so »eingriffig sein«. Er nahm es zwar kommentarlos hin, daß dem alten Daisenberger von Pater Romuald Klöck, einem »Vötter«, die Sterbesakramente gespendet wurden, als aber im selben Jahr, am 21. August 1792, Gertrud Daisenberger, die alte Schulerin, eine unmittelbare Nachbarin und eine entfernte Verwandte der Familie, gestorben war, schrieb er grimmig in das Totenbuch:

»Wurde von den Ettalern versehen, die wieder einmal behaupteten, daß ein Notfall vorgelegen habe«.

Bei allem Anlaß, den die Benediktiner den Bauern gaben, sich über sie zu ärgern (etwa bei der Verpflichtung, das Hochzeitsmahl in der Klosterwirtschaft abzuhalten), darf man freilich die andere Seite nicht vergessen. Die Ettaler ließen, wie die Aufzeichnungen deutlich machen, die Daisenbergers und ihre Standeskollegen frei und weitgehend unreglementiert wirtschaften. Man kann ohne Übertreibung von einer sehr liberalen Wirtschaftspolitik der Patres sprechen.

Eindeutigen Aufschluß über die Einkommensverhältnisse der Familie würden Vermögensbilanzen und die dazugehörigen Gewinn- und Verlustrechnungen geben. Natürlich haben Michael der Ältere und der Jüngere am Jahresende keinen Jahresabschluß gemacht und Aufwand und Ertrag gegenübergestellt. Trotzdem kann man eine ungefähre Vorstellung von ihrer materiellen Lage gewinnen, wenn man die wichtigsten Einnahmen und Ausgaben, wozu auch die verschiedenen Abgaben an die Obrigkeit gehören, abschätzt und gegenüberstellt.

Die wichtigste Einnahmequelle war ohne Zweifel die Gipsproduktion, für die sehr unterschiedliche Preise genannt werden. Die Preise, die Prändel, mit dem Markt aufs beste vertraut, nennt, liegen sehr hoch, nämlich zwischen 24 und 36 Kreuzer pro Metzen. Teilweise bestanden keine Preisunterschiede zwischen gebranntem und ungebranntem Gips. Flurl und eine Statistik aus dem Jahre 1803 berichten von einem sehr niedrigen Preis für das weiße Auer Gold, nämlich von 7 Kreuzer pro Metzen. (Der Großvater Benedikt hatte 1709 für den Metzen, allerdings frei Haus, noch 12 Kreuzer erhalten.) Mit diesem Preis ist aber mit Sicherheit der Preis ab Stampf, also ohne Transportkosten gemeint. Preise für den Gipsstein, der nur gebrochen wurde, werden nirgends erwähnt. Man kann annehmen, daß er einschließlich Transportkosten nach München, die ja auch Einkommensbestandteile der Familie waren, ebenfalls für 7 kr. gehandelt wurde. Die Spanne war dann für den Gipsmüller Lerch in der Landeshauptstadt immer noch ganz erheblich, denn die arbeitsaufwendigen Produktionsschritte, das Brechen und das Überführen des Rohstoffs, waren dann ja schon getan. Nimmt man die vorsichtige Produktionsschätzung des Knechts Prändel her, so wurden pro Jahr 7200 Metzen erzeugt. Die Eintragungen in der Chronik lassen für eine Reihe von Jahren auf sehr viele höhere Produktionswerte schließen. Nach 1800 produzierte die Familie etwa 15 000 Metzen. 7 200 Metzen ergeben durchschnittliche Einnahmen von 840 fl. pro Jahr, ein geschätzter Wert, der recht gut mit dem von Schremmer genannten Durchschnittsumsatz pro Beschäftigtem in der Gipsindustrie übereinstimmt, wenn man annimmt, daß in der Familie im Schnitt etwa vier Personen mit der Erzeugung befaßt waren und außerdem berücksichtigt, daß die Familie auch an der Wertschöpfung durch den Transport beteiligt war.

Die Ausgaben für das Holz zum Brennen des Gipses können vernachlässigt werden. Für 1 fl bekam man vom Kloster ungefähr 22 Raummeter.

Die Einnahmen aus dem Holzverkauf sind noch schwerer zu berechnen als die Erlöse aus der Gipsproduktion. Es ist nicht bekannt, wieviel Holz die Daisenbergers im Klosterwald schlugen und wieviel sie auf dem freien Markt kauften. Der Klafter hartes Holz kostete in der Stadt 1776 4 fl, der Klafter weiches Holz 3 1/4 fl. Das Kloster verlangte zwischen 6 und 10 kr pro Klafter. Für beide Holzarten errechneten sich nach von Hazzi, der etwas säuerlich bemerkt, daß die Staatskasse dabei nichts gewinne, pro Klafter folgende Gestehungskosten:

Kauf vom Kloster	6 kr
Hauer- und Aufrichterlohn auf der Ganterstatt	1fl 5 kr
Triften	12 kr
Überführen	50 kr
Summe	2 fl 13 kr

Dabei muß man bedenken, daß die Gewinnungskosten ja ebenfalls Einkommensbestandteile der Holz schlagenden Bauern waren.

In den Jahren von 1780 an stiegen die Holzpreise zum Vorteil der Daisenbergers stetig an. Prändel berichtet: »Das Holz steigt von Jahr zu Jahr und es können noch Zeiten kommen, wo uns diese dermal noch hohen Preise noch sehr mäßig erscheinen werden«. (P) Die Benediktiner hielten den Verkaufspreis aber konstant. Die Ausbringung freilich war mühsam. Um wenigstens eine untere Grenze für die Einnahmeüberschüsse der Daisenbergers aus dem Holzverkauf zu erhalten, berücksichtigen wir die gewinnträchtigen Holzkäufe von den Patres überhaupt nicht und nehmen nur 25 Flöße pro Jahr an. Auch tun wir so, als wären es alle reine Gipsflöße ohne Holzzuladung, was natürlich nicht immer so war. Nach Prändel betrug der mittlere Verkaufspreis für solche Flöße in München 30 fl. Auch hier nennt der Mathematiker zum Teil weit höhere Preise, je nach Länge und Dicke der Bäume. Die Einstandskosten für das Jahr 1786 sind uns von den Daisenbergers selbst überliefert. Sie betrugen pro Floß etwa 19 1/2 Gulden. Somit ergibt sich ein minimaler jährlicher Einnahmeüberschuß aus dem Holzverkauf von ungefähr 250 fl. Zusammen mit den Einnahmen aus dem Gipsverkauf erzielten die Daisenbergers also Erlöse abzüglich Einstandskosten von mindestens jährlich 1100 Gulden. Der Vorspanndienst brachte vermutlich wenig ein. Dieses Geschäft war vor allem im letzten Viertel des 18. Jahrhunderts rückläufig. Die Bauern hatten sich durch den Neubau der Straße von Au nach Hechendorf bei Murnau selbst das Wasser abgegraben. Hinzu kam der Einfluß des Krieges, der in manchen Jahren den zivilen Personen- und Güterverkehr fast zum Erliegen brachte. Bei der niedrigen Verkehrsfrequenz von etwa 1600 Wagen pro Jahr, einem Vorspanngeld von 4 kr pro Pferd (das vermutlich sehr viel höher lag, weil dieser Preis schon 1615 gegolten hatte) und zwei vorgespannten Pferden dürften nach vorsichtiger Berechnung pro vorspannberechtigtem Bauern etwa 25 Gulden pro Jahr angefallen sein.

Die Landwirtschaft lieferte keine nennenswerten Einnahmen. Getreide mußte ja sogar dazugekauft werden. Der Viehverkauf war, verglichen mit den Verhältnissen um 1670, als man alle Jahre ein Rind verkaufen konnte, eher zurückgegangen, da mehr Menschen auf dem Hof zu ernähren waren. Auch Milchüberschüsse gab es bei den Auer Bauern nicht, wie die in allen Übergabebriefen zu findende Einschränkung beim Milchdeputat der Austrägler: »wans vorhanden« zeigt.

Kommen wir zu den Ausgaben. Ein wichtiger Posten waren die Löhne für die Ehalten. Prändel gibt für einen Knecht einen Jahreslohn von 35 bis 45 fl und für eine Magd eine Entlohnung von 20 bis 30 fl an. Während der 33 Jahre des Berichtszeitraums der Chronik arbeiteten auf dem Hof im Durchschnitt 2 Knechte und 1 Magd. (Der statistische Durchschnitt liegt bei 1,65 bzw. 0,67.) Das ergibt bei einem mittleren Lohn von 40 fl pro Knecht und einem mittleren Lohn pro Magd von 25 fl jährliche Personalausgaben von 105 fl. Für Naturalien – vorwiegend Kleidung – kann man pro Ehalten nach Schremmer nochmals 10 fl pro Jahr rechnen. Somit mußten die Daisenbergers im Durchschnitt mit 135 fl Personalausgaben rechnen.

Einen weiteren großen Ausgabeposten stellten die Getreidekäufe dar. Die Auer Bauern wiesen bei der Obrigkeit immer wieder darauf hin, daß der Getreideanbau bei ihnen wenig ergiebig sei. Auch Benedikt Daisenberger trug dieses Argument dem Säkularisationskommissar vor. Das obere Loisachtal war eine Getreideimportgegend. Vor allem in Kriegszeiten konnte es leicht zu Versorgungsproblemen kommen. So beschwerte sich der Prälat einmal, daß er seit Wochen nur noch Wildpret zum Essen vorgesetzt bekomme. Wie hoch der Zukauf von Getreide auf dem Daisenbergerhof genau war, ist nicht bekannt. Für das 17. Jahrhundert läßt sich für das gesamte Dorf und ohne daß man nach Getreidesorten unterscheidet, ein Zukaufsanteil zwischen 40 und 45% errechnen. Für den Daisenbergerhof, auf dem in den neunziger Jahren des 18. Jahrhunderts bis zu 9 Erwachsene lebten, kann man einen maximalen

Getreidebedarf von 2 700 kg pro Jahr unterstellen. Dieser Wert ergibt sich aus den Schätzungen Hennings für den Getreideverbrauch pro Kopf einer ländlichen Bauernfamilie im 18. Jahrhundert. Wenn die Berechnungen dieses Autors richtig sind, dann hätte die Familie Daisenberger, nur um die vier erwachsenen Kinder und die Eltern mit Getreide zu versorgen, bei einem Saatanteil von 25% der Ernte, von dem Hazzi berichtet, eine Mindestfläche von etwa 5 Hektar gebraucht. (Brache und Futteranteil sind dabei schon berücksichtigt.) Das entspricht etwa 15 Tagwerk, die Daisenbergers hatten aber nur 11 Tagwerk Ackerfläche. Der tatsächliche Bedarf der Familie lag vermutlich weit unter 2 700 kg, weil ja auch Kraut, Rüben und vor allem Kartoffeln auf dem Speiseplan standen und nicht immer 9 Erwachsene zu ernähren waren. Um die Verhältnisse der Familie nicht günstiger darzustellen, als sie wirklich waren, sei hier angenommen, daß nur der Getreidebedarf für Futtermittel aus der eigenen Erzeugung gedeckt werden konnte. (Heu für die Tiere mußte, wie der Chronik zu entnehmen ist, nur gelegentlich dazugekauft werden.) Dann mußten die Daisenbergers maximal 18 Scheffel Getreide pro Jahr kaufen. Bei einem durchschnittlichen Preis von etwa 12 fl für den Scheffel Weizen in den Jahren zwischen 1775 und 1794 – natürlich hat die Familie in Wirklichkeit nicht nur die teuerste Getreidesorte gekauft – waren dann etwa 216 fl pro Jahr zu zahlen.

Die übrigen Nahrungsmittel kamen alle aus dem eigenen Garten und vom eigenen Feld und Stall. Lediglich einige kleinere Posten wie etwa Salz waren zu kaufen. Daneben mußten noch Textilien erworben, Handwerker, etwa für Reparaturen in der Gipsmühle, für Ausbesserungsarbeiten am Fuhrwerk und für das Beschlagen der Pferde bezahlt und gelegentlich Ausgaben für die medizinische Versorgung geleistet werden. Wertet man verschiedene Angaben, die in der Literatur über die Größe derartiger Haushaltsposten zu finden sind, aus, sind wir auf der sicheren Seite, wenn wir annehmen, daß die Familie dafür 150 Gulden ausgeben mußte.

Bleiben die Geldzahlungen an das Kloster und den Staat, die Naturalleistungen an den Pfleger von Werdenfels und an den Pfarrer von Garmisch, schließlich die Scharwerksleistungen, die das Kloster einforderte.

Das Stiftsgeld war in Au am 27. Dezember fällig. Die Daisenbergers mußten 2 fl 38 kr an den Abt abführen. Diese Summe war, verglichen mit den Beträgen, die die Bauern in anderen Dörfern des Klostergerichts zu zahlen hatten, wegen der Vorspannpflicht reduziert. Rechnet man gegen das Stiftsgeld noch die Kosten des Stiftsmahls auf, das der Prälat den Auer Bauern am Ende des Jahres spendierte, und die etwa 1 fl Trinkgeld, die jeder Hofbesitzer bei diesem Essen als Trinkgeld erhielt, so blieb den Patres von der Stift so gut wie nichts übrig. Diese Gegenüberstellung von Geben und Nehmen zeigt, daß die Beziehungen zur Obrigkeit ganz andere waren als unsere heutigen Kontakte zu den Behörden. Man kommt deshalb auch mitunter zu ganz falschen Urteilen, legt man heutige Maßstäbe an. Oder ist es etwa vorstellbar, daß uns der Vorsteher des Finanzamts nach der Bezahlung der Einkommensteuer zu einem üppigen Mittagessen einlädt und uns noch ein Trinkgeld gibt, weil wir so brav bezahlt haben?

Mehr sprang für das Kloster schon bei der Bezahlung der Laudemien heraus, einer Besitzwechselabgabe, die fällig wurde, wenn der Besitz in andere Hände überging. 1790, als der alte Daisenberger übergab, wurde diese Steuer fällig. In der Chronik heißt es: »Auf der Stuhlfest zu Ettal bezahlte der Vater für Anfahl und Briefgeld 143 fl und 17 Personen waren dabey«. (Ch) Die Laudemialabgabe betrug 96 fl, der Rest waren Gebühren. Wenn man berücksichtigt, daß auf dem Daisenbergerhof der letzte Besitzwechsel 41 Jahre zurücklag, also sehr lange keine Abgabe angefallen war, dann errechnet sich ein durchschnittlicher jährlicher Betrag von 3 fl 29 kr. Diese Belastung konnte die Familie zwar leicht tragen, sie liegt aber doch erheblich über dem von Lütge aus Stichproben errechneten Durchschnitt von 2 fl, und das, obwohl der Wirtschaftshistoriker die Laudemien nur auf 20 Jahre umrechnet.

Getreidedienst, die eigentlichen Gilten, forderten die Ettaler von den Auer Bauern nicht. Auch Küchendienstabgaben brauchten die Daisenbergers nicht zu entrichten.

Die Abgaben an den Staat betrugen insgesamt 20 fl 18 kr, auch das keine hohe Summe für den Hof, setzt man sie in Beziehung zu den Einnahmen der Familie. Damit lag die Belastung der Familie um rund 25% über der von Schremmer ermittelten durchschnittlichen Steuerbelastung einer Familie der damaligen Zeit. Von einer vollen Ausschöpfung der Steuerkraft durch Steuern und Abgaben konnte keine Rede sein. War der Staat gegenüber den Bauern so rücksichtsvoll? Natürlich nicht. Selbstverständlich wurde versucht, die Einkommen aus Nebentätigkeiten, die auf dem Daisenbergerhof die Haupttätigkeiten waren, bei der Besteuerung zu berücksichtigen. In welchem Ausmaß und wie das geschah, ist bis heute von den Wirtschaftshistorikern nicht hinreichend geklärt. Weder die Lektüre des umfangreichen Werks des Heidelberger Wirtschaftshistorikers Schremmer über die Wirtschaft Bayerns noch eine Korrespondenz mit dem Agrarhistoriker Dietmar Stutzer, einem Spezialisten auf dem Gebiet des bayerischen Hoffußes, haben mir mehr als die Feststellung gebracht, daß »alle Arten von Zuerwerb um so mehr berücksichtigt wurden, je geringer die Bodenfläche eines Anwesens war«. Im Fall der Familie Daisenberger zeitigten die Bemühungen des Fiskus jedenfalls keinen sonderlichen Erfolg. Zum Glück für sie war die damalige Steuertechnik nicht in der Lage, die Erträge aus der Gipsproduktion und dem Holzhandel angemessen zu besteuern. Dazu wäre eine moderne Einkommensteuer notwendig gewesen.

Eine Gegenüberstellung der durchschnittlichen laufenden Ausgaben der Familie mit den durchschnittlichen laufenden Einnahmen ergibt, sehr vorsichtig geschätzt, einen Einnahmenüberschuß von etwa 600 fl, der sich, verglichen mit den rund 2 900 fl Einnahmenüberschuß des mächtigen und reichen Klosters Ettal am Vorabend der Säkularisation, recht ansehnlich ausnimmt. Der Überschuß der Daisenbergers konnte für Investitionen im Betrieb, etwa für die Erhö-

Au und das Kloster Ettal; 18. Jahrhundert

hung des Zugviehbestands, für die Bildung von Liquiditätsreserven, die vor allem für den Holzhandel und für Krisenzeiten gebraucht wurden, und für die Bildung von Ersparnissen verwendet werden.

Die weiteren Belastungen schmälerten die Kassenbestände der Familie zumindest nicht unmittelbar. Da war zunächst der schon erwähnte Zehent, der nach Werdenfels ging und je zur Hälfte an den Pfleger und an den Pfarrer von Garmisch zu leisten war. Der Zehent, der zehnte Teil des Getreiderohertrags, war eine Holschuld, deren Umfang mit der Ernte schwankte. Was an Getreide abgegeben wurde, mußte natürlich von der Familie wieder dazugekauft werden.

Schließlich forderte das Kloster drei Scharwerksleistungen ein:

- Die Vorspannleistungen auf der Kienbergstraße, über die schon ausführlich berichtet wurde,
- die Verpflichtung, zwei Tage im Jahr in der Eigenwirtschaft des Klosters mitzuarbeiten, und
- die Verpflichtung, beim Straßenbau und der Unterhaltung der Verkehrswege zu helfen.

Die Scharwerksleistungen waren den Bauern im ganzen Oberbayern verhaßt. Die Auer wurden im Bereich des Klostergerichts besonders stark mit solchen Lasten in Anspruch genommen. Die Bauern sahen, wie es Lütge einmal formuliert hat, in den Scharwerksleistungen das »Zeichen der Sklaverei«. Die Bemerkung, die Benedikt Daisenberger vor dem Säkularisationskommissar äußerte, läßt darauf schließen, daß auch die Familie Daisenberger vor allem unter der Vorspannpflicht am Kienberg litt. Wenn diese vom Kloster geforderten Spanndienste die Daisenbergers auch nicht daran hinderten, erhebliche Überschüsse zu erwirtschaften, so brachten sie doch vermutlich häufig eine Störung des Betriebsablaufs mit sich. Die Bauern hatten hier keine Dispositionsmöglichkeit. Waren die Fuhrwerke am Fuß des Kienbergs eingetroffen, mußten Knechte und Rösser unverzüglich von anderen Arbeiten abgezogen werden. Ich kann mir gut vorstellen, daß sie bei solchen Gelegenheiten gelegentlich kräftig geflucht haben, die beiden Michaels und die Hämmerl, Schmied, Blasl, Schuler, Lippen, Moar und Schweitzer, wie die übrigen sieben Vorspannpflichtigen »am Haus« geheißen haben.

Die Arbeit auf den Wiesen des Klosters war dagegen eine geringfügige Belastung. Benedikt Daisenberger berichtet dem Aufhebungskommissar von Thoma, daß sein eigener und sieben andere Höfe des Klosters, darunter auch das elterliche Anwesen, »jährlich verbunden waren, dem Closter Ettal 2 Tage Grummet zu mähen, jedoch durften sie das Grummet weder rechen noch einführen. Für das Mähen im Grummet aber erhielt jeder täglich 2 Pfund Fleisch, Gerste, Sauerkraut und Milch, dazu 15 Speisbrote«. Gerade diese Scharwerksverpflichtung zeigt sehr deutlich, wie gefährlich es ist, Pauschalurteile zu fällen. Man muß sich jede einzelne Belastung genau anschauen: Die Entlohnung war angemessen, wenn man bedenkt, daß zur damaligen Zeit der Geldlohn eines verköstigten Tagelöhners etwa 1 2/3 Pfund Ochsenfleisch entsprach. Ein großes Geschäft war die Dienstleistung der Auer Bauern also für das Kloster sicher nicht. Genauso hätten die Benediktiner auch Tagelöhner mit der Aufgabe betrauen können. Selbst die dem Kloster nicht gerade wohlgesonnene Aufhebungskommission war der Meinung, daß die als Entgelt gewährten Naturalien »beträchtlich« waren.

Die etwas merkwürdige Regelung, daß die Bauern zwar mähen mußten, aber das Grummet weder rechen noch einführen durften, läßt vermuten, daß es sich eher um einen seit Jahrhunderten geübten Brauch gehandelt hat als um eine Arbeit, die von den Bauern als drückend empfunden wurde. Die Summe, die die Auer zur Ablösung der Verpflichtung anboten, war dann auch sehr bescheiden. Ganze 20 kr pro Hof war Benedikt Daisenberger und seinen Kollegen die Befreiung von der Mähpflicht wert. Von Klagen ist nichts zu lesen.

Bleibt die Verpflichtung zum Straßenunterhalt. Zweimal wird in der Familienchronik davon berichtet. Einmal im

Jahre 1766, und einmal im Jahre 1781. Zunächst steht zu lesen: »Eben dieses Jahr wurde die Hohestraße vom Unternberg an biß zur landmark Prüke zu Stande gebracht und wir hatten die Vorspannlehen zu verwalten«, und 15 Jahre später schreibt der alte Daisenberger: »Dieses Jahr wurde die Straße von uns biß nach Hechendorf neu erhoben, hat aber die Bauern vill Arweith gekostet«. (Ch) Derartige Straßenbauarbeiten mußten von den Auern nur in größeren zeitlichen Abständen verrichtet werden. Für den laufenden Unterhalt waren sie nicht zuständig. Vor dem Säkularisationskommissar wird im übrigen die Straßenunterhaltspflicht auch gar nicht erwähnt. Für die Straßen auf Auer Flur war ein Taglöhner zuständig, der im Ort wohnte. Laufende Ausbesserungen bestritt der Straßeninspektor zu Oberammergau, der dafür Taglöhner einstellen konnte.

Wie groß die Belastung der Familie, gemessen in Manntagen für die Reparatur bzw. Erneuerung des einmal etwa 3,5 km und einmal ca. 14 km langen Straßenstücks war, läßt sich schwer sagen. Die Daisenbergers erzählen uns nicht, wie lange die Arbeiten gedauert haben und wie viele Höfe mit wieviel Arbeitskräften beteiligt waren. Sicher war aber auch diese Scharwerksverpflichtung, die ja in der warmen Jahreszeit abzuleisten war, eine erhebliche Störung des Ablaufs im eigenen Betrieb. Unzweifelhaft ebenfalls – das wissen wir aus vielen Berichten –, daß die Bauern Straßenbauarbeiten, für die sie ja nicht ausgebildet waren, ungern und nicht besonders sorgfältig ausführten. Wie bei der Belastung durch Laudemien muß man andererseits aber auch bedenken, daß die Arbeiten nur selten anfielen.

Wer bis hierher geduldig den Berechnungen und Überlegungen zur materiellen Lage der Familie Daisenberger gefolgt ist, der mag einerseits den Eindruck gewonnen haben, die Verhältnisse dieser Bauernfamilie unter der Herrschaft des Ettaler Prälaten seien zu rosig dargestellt worden, und andererseits den Verdacht hegen, daß die Benediktiner dabei zu gut weggekommen sind. Für ihn kann eine zweite Rechnung aufgemacht werden: Um eine Vorstellung von der Ertragskraft des Hofes zu bekommen, braucht man nur die Gelder zusammenzuzählen, die an die Kinder als Mitgift ausbezahlt bzw. an das Kloster im Zusammenhang mit der Hofübergabe geleistet wurden. Die Mitgift der jungen Bäuerin, die in das Anwesen einheiratete, muß man natürlich abziehen.

Eine solche Rechnung hat den großen Vorteil, daß jede einzelne Zahl belegbar ist:

Einzahlungen		Auszahlungen	
Mitgift der jungen Bäuerin (1790)	750 fl	Mitgift von Tochter Katharina (1787)	1000 fl
		Mitgift von Sohn Benedikt (1790)	1600 fl
		Mitgift von Tochter Maria Anna (1792)	1100 fl
Auszahlungs-saldo	6761 fl	Zahlung von Michael an seine Geschwister Benedikt u. Maria Anna (1790)	500 fl
		Erbe des Vaters für alle Kinder (1792)	2000 fl
		Laudemien (1790)	143 fl
		Laudemien bei der Hochzeit Benedikts (1796)	168 fl
		Darlehen an Benedikt v. Michael (1796)	1000 fl
	7511 fl		7511 fl

In dieser Einzahlungs-Auszahlungsrechnung wurde noch nicht einmal berücksichtigt, daß sowohl Katharina als auch Maria Anna als Aussteuer Möbel, Bettwäsche und eine Kuh von der ersten Wahl ihrem Hochzeiter mit in die Ehe brachten und daß zumindest das Hochzeitsmahl für 54 Personen bei der Verheiratung von Michael dem Jüngeren vom Hausvater bezahlt wurde. Netto gingen aus dem Daisenbergerhof also im Zeitraum von 1787 bis 1796 im Zusammenhang mit der Verheiratung der Kinder Zahlungen in Höhe von mindestens 6 761 fl hinaus. Durchschnittlich erhielten die Daisenbergerkinder, die den Hof verließen, eine Mitgift in Höhe von 1 900 Gulden. (Nur ein Vergleich: Die Braut des Oberammergauer Lüftlmalers Franz Seraph Zwink brachte 1773 100 fl in die Ehe mit.) Um eine Vorstellung von dieser Summe zu bekommen: In der Brandkatastrophe vom 27. Mai 1783 brannte nahezu der ganze Markt Miesbach nieder. Die Baukosten der neu errichteten Bürgerhäuser betrugen nach Stutzer zwischen 600 und 750 Gulden. Katharina, Maria Anna und Benedikt hätten sich also von ihrem Erbe jeweils zwei bis drei Häuser bauen können. Welcher Bauer im Oberland kann für seine Kinder heute solche Vermögenswerte erwirtschaften?

Nicht nur die Kinder, die den Hof verließen, wurden gut versorgt, auch Realinvestitionen zur Erhaltung und zum Ausbau der Ertragskraft des Hofes wurden nicht vernachlässigt. Die Chronisten berichten über den Bau eines Gipsbrennofens (1774), den Neubau einer Gipsmühle, die vorher aus Holz war, und über die Anlage eines neuen Ofens (1788) sowie den Neubau des vorher hölzernen Kuhstalls (1794). Auch um das Jahr 1800 herum wurde vermutlich erheblich investiert, da es in den folgenden Jahren gelang, die Gipsproduktion zu verdoppeln. Daß die aufgebrachten Gelder erwirtschaftet und nicht durch Schuldenaufnahme finanziert wurden, steht außer Zweifel. Michael der Jüngere war sogar so liquide, daß er 1799 noch einer Farchanter Witwe ein Darlehen in Höhe von 600 fl gewähren konnte.

Somit stimmt der Spruch »Unterm Krummstab ist gut wohnen« also? Für die Familie Daisenberger im Zeitraum von 1765 bis zur Säkularisation auf jeden Fall. Die Familie litt in dieser Zeit keine materielle Not und hatte genügend finanzielle Reserven für Ernteausfälle, Getreidepreissteigerungen, Überschwemmungen und andere Wechselfälle. Der alte Daisenberger konnte allen vier Kindern eine beträchtliche Mitgift geben. Die Geldzahlungen an die Obrigkeit waren, gemessen an den Einnahmeüberschüssen, sehr niedrig. Die Vorspannpflicht war wohl eher lästig und störte den Betriebsablauf, als wirklich drückend wird sie aber nicht empfunden worden sein. Die Straßenbauarbeiten bedeuteten vermutlich einen erheblichen Einkommensausfall für die Familie; da sie aber nur in langen zeitlichen Abständen anfielen, waren sie insgesamt erträglich. Das Grummetmähen in der Eigenwirtschaft des Klosters war eine gut bezahlte Arbeit und eher eine traditionelle Veranstaltung als eine Fronarbeit. Die unternehmerischen Aktivitäten der Daisenbergers wurden von den Patres in keiner Weise behindert, sondern vor allem durch die Abgabe billigen Holzes sogar gefördert. Die Benediktiner taten zwar nichts für die Bildung der Auer Bauern, sondern überließen das Schulwesen der Eigeninitiative der Daisenbergers und ihrer bäuerlichen Kollegen, sie hatten aber gegen die Auer Privatschule auch nichts einzuwenden.

Daß Michael der Ältere oder der Jüngere einmal gegen den Prälaten und den Konvent aufgemuckt hätten, ist nicht bekannt. Den allzu sorglosen Umgang der Benediktiner mit dem sauer verdienten Stiftungsgeld mußten sie offensichtlich hinnehmen, ohne ernsthaft dagegen etwas unternehmen zu können. Dennoch waren die Daisenbergers keine unterdrückten und von der Obrigkeit dumm gehaltenen Untertanen, sondern mittelständische Unternehmer, die es durch Intelligenz, Fleiß und Initiative zu einem ansehnlichen Wohlstand gebracht hatten. Die Familie nahm im Dorf zwar eine herausgehobene Stellung ein, den anderen Bauern des Orts, die alle nicht von der Landwirtschaft allein leben mußten, ging es aber finanziell nicht wesentlich schlechter. Das zeigen schon die Summen, die an die Kinder als Heiratsgut ausbezahlt wurden und der ungewöhnlich hohe Kapitalstock der Kirchenstiftung St. Georg, den allein die Auer aufgebaut hatten.

J.A. Daisenberger hat die Klosterherrschaft nicht mehr bewußt erlebt. Im Säkularisationsjahr 1803 war er erst vier Jahre alt. Aber Mutter, Onkel und Tanten und später auch die alten Leute in der Pfarrei Oberammergau haben ihm sicher von den alten Zeiten unter dem Krummstab der Ettaler Äbte erzählt. Sein Urteil, das er über das Leben im Klostergericht fällt, trifft zumindest für seinen Vater und die Großväter zu. Der Satz, daß »die Väter . . ., wenn auch nicht immer zufrieden, doch in einem ziemlich behaglichen Zustand gelebt hatten«, dürfte der historischen Wahrheit sehr nahekommen.

VON DER ZÜGELLOSIGKEIT UND DEM ÜBERMUTH DER EHALTEN

Um wirtschaftlich erfolgreich zu sein, brauchten die Daisenbergers, solange die Kinder noch klein waren und später, als eines nach dem anderen aus dem Haus heiratete, fleißige und zuverlässige Dienstboten, Ehalten, wie es damals hieß. Daran fehlte es aber häufig. »Es ist ein Kreuz mit den Ehalten.« Über kein anderes Thema haben die Daisenbergers soviel in das schwarze Büchlein geschrieben. Aber sie klagen nicht. Man muß den Ärger, den sie mit Knechten und Mägden hatten, schon zwischen den Zeilen lesen. Viel deutlicher als die zurückhaltenden Daisenbergers sagt das schon der Knecht Prändel, der fordert, daß Ehalten von »gutem moralischem Karakter seyn« sollten und dann fortfährt, daß »boshafte und gewissenlose Leute zu Veruntreuungen, Diebstählen, Betrügereyen, Beschädigungen und dergleichen Unfug am aufgelegtesten sind, wodurch vielleicht der Landwirth mehr Schaden leidet als ihm Nutzen von ihrer wenigen Arbeit zufließt«. (P) Viele Dienstboten arbeiteten wohl wirklich nur, wenn der Bauer dabei war und machten sich sonst einen schönen Tag. Wenn es einmal nicht so war, war das ein Grund zur Freude und einen Eintrag in die Chronik wert:

»Der Bruder Benedikt ist zu Lichtmeß als Oberknecht von der Kräzelmill, wo er alles in gutem Stand gebracht wieder heraufgekommen, da der Anton von Garmisch nicht mehr blieb. Blasi Sam, Augustin Bräu und Anton Schöttl sind geblieben. Die zwo Dirnen, Maria Häglin und Elisabeth Schelcherin kamen auch zu Lichtmeß weg. Anna Katharina Noderin, die schon einmal hier war, und Maria Langin von Unterammergau kamen an derselben stat. Nun ging mit so guten Leuthen alles so wohl von staten, daß der Michael öfters sagte, wie er jetzt ein Herr sey und daß die Arbeit fleißig geschieht, er mag dabey sein oder nicht«. (Ch)

Zu Lichtmeß war immer Aufbruchstimmung. Der andere Kündigungs- und Einstellungstermin, zu Micheli, der in der Ehaltenordnung von 1781 vorgesehen war, stand in Au, wie in anderen Orten auch, nur auf dem Papier. »Zu Liechtmese wurde alles verändert, die drei Knechte Seb. Lindauer, Andreas Oswald und Vetter Franz sind hinweggekommen, nur Vötter Anton Schöttl blieb. Dafür stunden Aloys Buchwieser von Buchwies, Vetter Steigenberger Clement von Eschenlohe und Bernhard Noderer Floßknechtssohn von Wolfratshausen ein. Die zwo Dirnen Maria Anna Stroblin und Theresia Lindauerin kamen gleichfalls hinweg. Und statt dieser sind Maria Ruzin von Oberammergau und Katharina Kemserin von Farchant eingestanden«.(Ch)

Auch der Knecht im Gipsstampf kündigte. »Sebastian Lindauer der vorjährige Oberknecht ging an seine Stelle«. (Ch) Sechs neue Leute kamen in diesem Februar 1793 auf das Anwesen, und das war kein ungewöhnliches Jahr. Die Ehalten stammten fast alle aus den Nachbarorten Farchant, Eschenlohe, Garmisch, Partenkirchen und Dörfern im Ammertal, öfters auch aus dem nahegelegenen Außerfern. Prändel hält das für günstig, weil Knechte und Mägde aus der näheren Umgebung »mit den herrschenden Gebräuchen und Manipulationen, dann mit den Eigenschaften des Bodens, des Viehes und der übrigen Gegenstände der Landwirthschaft schon bekannt sind«. (P)

Ganz selten erfahren wir etwas über den sozialen Stand der Eltern. Nur von vier Dienstboten ist bekannt, daß der Vater ein Leersöldner und Taglöhner war. Von den Knechten und Mägden, die aus dem Ammertal und dem alten Werdenfels kamen, Gegenden, in denen der Anteil der Leersölden und der kleinen Anwesen besonders hoch war, ist aber in den meisten Fällen sicher: Sie gingen von zu Hause fort, damit der Vater in der Sölde oder am Hof einen Esser weniger am Tisch hatte.

Blieben Knecht und Magd von einem Lichtmeßtag zum nächsten, war man schon froh. 16 % der Knechte und

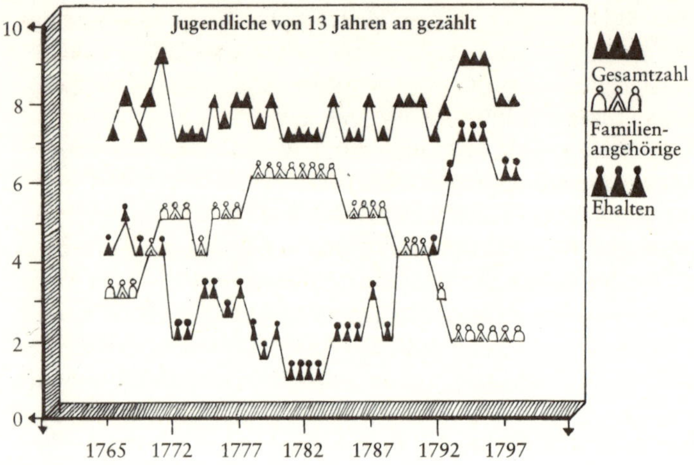

Arbeitskräfte auf dem Daisenbergerhof

Mägde (für die Einstellung war die Bäuerin zuständig) hielten es allenfalls ein halbes Jahr aus, 39 % der Ehalten blieben zwischen einem halben und einem Jahr auf dem Hof.

Manche gingen ohne Kündigung: »Ein anderer Knecht mit Namen Georg Lödermann von Graseck wurde am ersten Mayi gedungen ... Der Knecht verließ 2 Täge nach Laurentitag heimlich Au und uns. In wenig Tägen hatten wir schon wider einen anderen Knecht Martin Deischl von Eschenloh, dieser harrte endlich dieses Jahr aus«. »Zu Lichtmeß ist Thomas Posch wieder unser Knecht geworden und Monika Klöckin blib. Aber sie ging noch vor Ostern davon. Dann hatten wir keine Dirn mehr«. »Die Dirn Cecillia blieb auch zu Lichtmeß aber in der Fasten noch gieng sie fort«. Und einige hielten es nur wenige Tage aus: »Dem Augustin Klammer gefiel das Orth und der Dienst nicht, er ging nach 4 Tägen bey der Nacht heimlich davon. Da hatte der Michael bis Georgi keinen Oberknecht bekommen können, da der Anton von Gärmisch als Oberknecht einstund. Alles ging gut vor sich nur die Knecht haten mit der Dirn Maria Häglin immer etwas zu eng doch wurde alles wider beygelegt«. (Ch)

Besonders ärgerlich war es natürlich, wenn Knecht oder Dirn kurz vor der Erntezeit das Weite suchten. Nach der bayerischen Ehehaltenordnung von 1781 war eine Kündigungsfrist von 6 Wochen vor Micheli und Lichtmeß vorgesehen. Wer sich daran nicht hielt, wurde schwer bestraft. Aber welcher Bauer war schon an einer Bestrafung interessiert? Den Knecht hätte er trotzdem nicht mehr zurückbekommen und wohl auch nicht mehr gewollt. Selbst haben die Daisenbergers übrigens in den Jahren von 1765 bis 1797 keinem Ehalten gekündigt. Einige verließen den Hof, weil sie krank und nicht mehr arbeitsfähig waren: ». . . die Dirn die wir bald nach dem Tod der Mutter gedungen hatten und Anastasia hieß wurde nach unser krank, hate lang zu thun, bis es beßer mit ihr wurde. Ihre Schwester wollte, daß sie bey ihr zu Hauße zu Unterammergau wäre und ließ sie wider heim führen im Monat July vor oder bald nach Jacoby«. Und ein zweiter Fall: »Die Dirn Maria St. von der Glashütte gebürtig, kam zu Lichtmeß her, mußte den Dienst aufgeben um Johanny und starb bald hernach glaublich in ihrer Heimat«, und schließlich auch ein Knecht, der zu »seiner Schwester auf Farchant abgeführt« wurde, wo es »endlich mit ihm beßer wurde«. (Ch)

Zwar ermahnte die Ehaltenordnung den Bauern, seine Dienstboten im Krankheitsfall nicht zu verlassen, eine Vorschrift, sie eine bestimmte Zeit im Haus zu pflegen, gab es aber nicht. Kranke Knechte und Mägde waren deshalb oft arm dran, wenn sie nicht auf den heimatlichen Hof zu Eltern, Bruder oder Schwester zurückkehren konnten, um dort wieder zu gesunden oder zu sterben. Oft hatten sie allerdings für solche Fälle vorgesorgt. In vielen Übergabeverträgen wurde den Geschwistern, die den Hof nicht erbten, eine gewisse Pflegezeit auf dem elterlichen Anwesen zugesichert. Ob sie als unnütze Esser allerdings sehr willkommen waren, ist eine andere Frage.

Auf dem Daisenbergerhof war im Übergabevertrag eine solche »Unterstützungsklausel« für die Kinder nicht notwendig. Sie waren nicht gezwungen, vor ihrer Verheiratung den Hof zu verlassen, was nicht für alle Auer Töchter galt.

Deshalb mußte man für den Krankheitsfall vorsorgen. Der schon erwähnte Nachbar, der Klosterjäger und Wirt Andreas Neuner, ließ z. B. notarisch sichern, daß seine zwei Töchter aus erster Ehe, falls sie »in fremden Diensten erkranken, zu hause gebracht und ihnen allda 4 wöchige Kost und Verpflegung ohnentgeltlich verschafft und verabreicht werden müßten«. Und für den Fall, daß eine arbeitsunfähig würde, »so müste ihr im haus die lebenslängliche Wohnung gestattet und hier eine sonderbare bequemlich mit einem ofen versehene Stuben« vorbehalten bleiben.

Besonders hart war das Leben für die betagten Dienstboten. Für die meisten Ehalten war das Dasein als Knecht und Magd nur eine Phase ihres Lebens, aber es gab sie eben doch, die alten und arbeitsunfähigen Dienstboten. Auch den Daisenbergerhof verließ ein wegen seines Alters nicht mehr arbeitsfähiger Knecht. Über sein weiteres Schicksal ist nichts bekannt. In der Familienchronik heißt es nur lapidar: »Auch der Gipser Bernhard Pfeferle gab seine Arbeit auf, weil er selbe wegen 60jährigen Alter nicht mehr versehen konnte«. (Ch) Hatten sich die Knechte für ihre alten Tage nicht etwas zurückgelegt und konnten sie nicht bei irgendeinem mitleidigen Verwandten, der ihnen Unterschlupf und das Gnadenbrot gab, unterkommen, wie der Onkel Johannes der jungen Bäuerin, der »alt und kränklich war« und auf dem Hof lebte und starb, wurden sie unweigerlich vom Heer der Bettler, das über die bayerischen Straßen zog, vereinnahmt.

Auch wenn sie noch durchaus leistungsfähig und gesund waren, zog man ihnen jüngere Ehalten vor. Prändel rät den Bauern: »Diese Gattung (er meint die Ehalten, H.S.) soll noch so viel wie möglich von jugendlichem Alter, gesunder Natur und von gutem moralischen Charakter sein. Denn alte Dienstboten sind gerne eigensinnig, mürrisch, wollen sich nicht aufs Eilen verstehen, so sehr es manchmal auch nöthig wäre und sind weit eher und anhaltender den Unpäßlichkeiten ausgesetzt als die blühende Jugend«. (P)

Der Wechsel, oder wie man heute sagen würde, die Personalfluktuation war, wie schon gesagt, groß. Im Zeitraum von 33 Jahren lesen wir etwa 50 verschiedene Namen von

Ehalten. Die durchschnittliche Dienstdauer betrug etwa 15 Monate. Nur zwei Verwandte der Familie, Thomas und Franz Schöttl aus Wolfratshausen, die schon im Alter von acht Jahren auf den Hof gekommen waren, und der spätere Professor blieben lange.

In der Gipsmühle, die weit vom Hof entfernt war und für die eigenes Personal zur Verfügung stand, hatte man mit dem Personalwechsel weit geringere Probleme. Bis zum Jahre 1764 versah dort Bartholomäus Streitl den Dienst. Als er 1764 starb, übernahm die Streitlin, seine Witwe, den Posten von ihrem Mann. Bis 1781 harrte sie aus, dann wurde sie krank, »hate glaublich das Fieber, allein sie daurete es nicht lange, 8 Täge vor Michaely starb sie«. (Ch)

Bis zum Jahre 1797 kam man im Stampf mit insgesamt nur drei Gipsern, wie die Auer diesen Beruf nannten, aus. Warum in diesem Betriebsbereich die Dienstdauer so lang war, wissen wir nicht. Wenn es nicht Zufall war, dann lag es vielleicht an der großen Selbständigkeit, die der Arbeiter dort hatte. War er tüchtig und tat sich um, dann konnte er den anderen, die im Bruch den Gipsstein brachen, das Arbeitstempo diktieren.

Die Zahl der Dienstboten über den Berichtszeitraum der Chronik schwankte erheblich. Das Minimum war einer, die größte Anzahl, die man hatte, waren sieben. (Interessant ist,

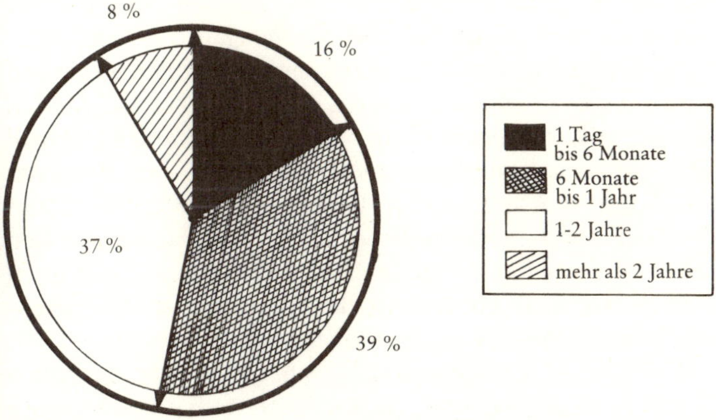

Dienstdauer der Ehalten auf dem Daisenbergerhof

daß der junge Bauer gleich nach dem Tod des alten Daisenbergers die Zahl der Ehalten gleich um zwei erhöhte. Vermutlich hatte der sparsame Vater zu seinen Lebzeiten den Sohn bei der Einstellung von Knechten und Mägden immer etwas gebremst.) Die Regel, die Prändel angibt: »Man rechnet insgemein auf 4 Pferde einen Knecht und auf 10 Kühe eine Magd«, galt für den Daisenbergerhof ganz sicher nicht, weil man die Ehalten ja auch für die anderen Gewerbezweige brauchte. Die Zahl der insgesamt arbeitsfähigen Bewohner des Hofes, die über dreizehn Jahre alt waren, war weit stabiler als die Zahl der Dienstboten. Im Durchschnitt des Berichtszeitraums waren es etwa acht Arbeitskräfte, Ehalten und Familienmitglieder zusammengerechnet.

Der Bedarf war, wie das Bild auf der vorigen Seite zeigt, natürlich besonders groß in den Jahren, in denen die Kinder noch nicht oder nur zum Teil arbeitsfähig waren, und als sie geheiratet hatten. In diesen Phasen konnte man nicht sehr wählerisch sein, sondern mußte nehmen, was der Markt bot.

War der häufige Wechsel bei den Ehalten vielleicht auf ein schlechtes Betriebsklima zurückzuführen? Kochte die Bäuerin schlecht und mit zu wenig Fett? Waren Vater und Sohn Leuteschinder, bei denen es niemand aushielt? Ich glaube es nicht. Denn wenn es so gewesen wäre, warum sind dann die Schöttlkinder so lange geblieben? Warum hat Prändel, sicher ein sehr sensibler Mann, immerhin auch viereinhalb Jahre auf dem Hof gearbeitet? Warum sind manche Dienstboten, die schon einmal bei den Daisenbergers eingestanden waren, nach einigen Jahren wieder zurückgekehrt? Kurze Verweildauern waren ganz offensichtlich überall üblich. Der Arbeitsmarkt war, wie Stutzer feststellt, ein Verkäufermarkt. Bei den anderen Bauern war es keinen Deut besser.

Die Klage des Kurfürsten in der Präambel zur Ehaltenordnung wird schon seinen Grund gehabt haben: »Es ist uns mißfälligst zu vernehmen gekommen, auf welch hohen Grad die Zügellosigkeit und der Uebermuth der Dienstboten und Tagwerker besonders auf dem Lande, in Forderung allzu großen Lohns, willkürlich und schlechter Verrichtung, dann eigenmächtiger Bestimmung der Arbeit, auch Ausübung allerley sonstigen Muthwillens abermals gestiegen«. Ob da der Ratschlag Prändels, gleich nach seinem Einstand auf dem Daisenbergerhof auch nicht gerade ein Vorbild an Disziplin, den er den Bauern aus seinem in Au gesammelten Erfahrungsschatz gibt, viel geholfen hat, darf man wohl bezweifeln: »So wie unter Soldaten die Beobachtung der strengen Manneszucht von jeher weit größeren Nutzen als die Vernachläßigung derselben gestiftet verhält sichs auch, freylich in einem weit herabgestimmteren Sinne, bey den Dienstboten. Zu große Freyheit und eine zu gutmüthige Behandlung schlägt dem mindergebildeten Menschen überhaupt nicht an, geschweige der muthwilligen und zu Ausschweifungen allzu geneigten Jugend. Eine vernünftige Strenge in Sachen, die die Sittlichkeit betreffen, Pünktlichkeit und Ordnung in den täglichen Geschäften, freymüthige Ahndung im Übertretungsfalle, im Gegentheil aber auch billiger Lohn ohne Vorenthaltung, nahrhafte gutzubereitete Kost, Besorgung der übrigen Bedürfnisse, ernstliche Theilnahme in Angelegenheiten, unpartheyische Verbescheidung in Zwistigkeiten und liebreiche Pflege in Krankheitsumständen sind die stichhaltigsten Maßregeln in Behandlung der Dienstboten«. (P)

Klagen über den Trotz, den Mutwillen, die Frechheit und die geringen Leistungen ungeachtet hohen Lohns waren in der zeitgenössischen Literatur allgemein. In der gar nicht guten alten Zeit herrschte in Oberbayern Mangel an tüchtigen, leistungswilligen Dienstboten. Man lese bei Friedrich Lütge, einem hervorragenden Kenner der bayerischen Landwirtschaft des 18. Jahrhunderts, nach: »Auch wenn man sich klar macht, daß viele der Klagen zweckbedingt oder doch zumindest einseitig sind und daß auch seitens der Dienstboten vielfach berechtigte Klagen gegen ihre Dienstgeber wegen ungerechter harter Behandlung vorgebracht werden konnten und vorgebracht wurden, so steht doch immerhin fest, daß die Arbeitsleistungen der Dienstboten, der Wert ihrer Arbeit als durchaus unzulänglich angesehen werden muß«. Probleme mit den Ehalten waren also mit Sicherheit keine Besonderheit der Daisenbergers. Und doch: Ich kann mir vorstellen, daß der Daisenbergerhof bei nicht allzu arbeitsamen Ehalten nicht sonderlich beliebt war und daß die Knechte am Wirtshaustisch vor diesem Hof warnten. Auch bei den anderen Auer Bauern konnte man im Winter nicht auf der Ofenbank sitzen. Bauer und Knecht mußten hinaus in den verschneiten Bergwald. Aber wenn es einmal ganz besonders wehte und man im Schneesturm kaum die Hand vor den Augen sah, war der Tag doch geruhsamer. Nicht so auf dem Daisenbergerhof: Die Stampfmühle war das ganze Jahr in Betrieb. Sie mußte mit Steinen versorgt werden. Wann sollte man die Arbeit denn tun, wenn nicht im Winter? Im März begann schon wieder die Floßsaison, und das Geschäft mit den schwäbischen Bauern, die den Düngegips im Frühjahr holten, wollte man sich natürlich auch nicht entgehen lassen. Auch vorspannen mußte man in der kalten Jahreszeit häufiger.

Die tägliche Arbeitszeit war lang, insbesondere im Sommer. Gearbeitet wurde, wie anderswo auch, von Tagesanbruch bis zum Eintritt der Dunkelheit. Im Sommer waren dies etwa 13 bis 15 Stunden. Urlaub im heutigen Sinne hatten die Ehalten wenig. Aber ganz ohne freie Tage waren sie auch nicht: Zwischen dem Austreten aus einem Dienst und dem Wiedereintritt in einen neuen, lagen meist vier Tage, »zweyen vor und zweyen nach Lichtmeß«. Nach der »Land- und Policeyordnung« von 1616 sollte sie ein Dienstbote dazu verwenden, um »etwan sein Gewandt zu verbessern oder sonstens anders zu seiner Notdurft zu verrichten«. Die meisten hatten aber besseres zu tun. An den Schlenkeltagen oder der Schlenkelweil – so nannte man diese arbeitsfreie Zeit – ging es in den Wirtschaften hoch her. Zu dem recht bescheidenen Urlaub der Schlenkeltage, die die Bauern natürlich gar nicht liebten, kam aber eine große Zahl von heute längst vergessenen Feiertagen. Natürlich waren sie nicht ganz arbeitsfrei, wenigstens die Stallarbeit mußte gemacht werden. Um die Mitte des 18. Jahrhunderts gab es in Bayern 124 Sonn- und Feiertage, kleinere lokale Unterschiede einmal nicht berücksichtigt. Das ergibt im Durchschnitt 2,4 freie Tage pro Woche. 1772 legte der Papst in einem Breve die Zahl der kirchlichen Feiertage neu fest, ein einschneidendes Ereignis, das die Daisenbergers nur mit dem kurzen Satz erwähnen: »Am Weihnachtsfeste wurden zu Ettal einige Feyertäge als aufgehoben verkündet«. (Ch) Die erhöhte Zahl der Arbeitstage im alten Au wissen wir vom Knecht Prändel: 260. Damit blieben 104 Sonn- und Feiertage, also exakt 2 »arbeitsfreie« Tage pro Woche.

Möglichkeiten zur Unterhaltung gab es für die Auer Knechte an diesen Tagen nicht viel. Zwar gab es zwei Wirtshäuser, beide im Obereigentum des Klosters Ettal, in denen das Bier des Klosters ausgeschenkt wurde, Tanzveranstaltungen waren aber äußerst selten. Für Au wurde 1793 mit einem Schreiben der kurfürstlichen Kanzlei dem »Würth« die Organisation derartiger, von der Obrigkeit ungern gesehener Lustbarkeiten nur an folgenden sieben Tagen erlaubt: »An denen drey Faßnachtstagen, dann groß und klein Kürchweihe wie auch am Martini- und Katharinentag«. Vor Reizüberflutung mußten die Ehalten im Dorf also nicht bewahrt werden. Obwohl mithin das alte Au nicht sonderlich viel Abwechslung bot und Arbeit immer im Übermaß vorhanden war, wissen wir doch von einem Knecht, dem schon häufig erwähnten Johann Georg Prändel, daß es ihm bei der Familie Daisenberger recht gut gefallen haben muß. Nach seinem Weggang vom Hof hat er mit viel Sympathie über den Hof geschrieben, auf dem er viereinhalb vermutlich harte Jahre seines Lebens verbracht hat. In einigen Gedichten hat er vom Leben und den Menschen auf dem Land liebevoll erzählt.

DER STUDIERTE KNECHT

Zu Michäely (1772) ging mit dem Vater Johann Georg Prändl von München herauf. Er war Hießels des Gipstagwerker Sohn von München«. (Ch) Der Begleiter von Michael Daisenberger sen. auf dem langen Weg von der Landeshauptstadt zurück nach Au war ein dreizehnjähriger Bub. Der Vater des jungen Burschen war Gipsbrenner in der städtischen Mühle des Herrn Lerch. Der alte Prändel war ein »armer, aber mit manchen Kenntnissen begabter Mann«. Er wird froh gewesen sein, daß sein Sohn in Oberau als Knecht einstehen konnte und so ein Esser weniger am Tisch saß. Zwei Jahre später schickte er einen weiteren Sohn, Philipp, auf den Daisenbergerhof.

Der junge Prändel war kein gewöhnlicher Knecht. Selbst auf dem Daisenbergerhof, auf dem zumindest alle männlichen Familienmitglieder lesen und schreiben konnten, war er etwas Besonderes. Johann Georg konnte nämlich bereits im Alter von drei Jahren »fertig und richtig teutsch und lateinisch lesen«.

Der Vater hatte es ihm beigebracht. »Das Schreiben lernte er in der Folge von sich selbst, ohne eine Schule besucht oder einen Informator gehabt zu haben«.

Zunächst schien es dem Autodidakten auf dem Hof gar nicht zu gefallen. Er blieb lediglich »biß den 8. Dezember . . ., wurde sodann Schubmeister zu Puchwieß« (Ch), einem Einödhof, der zu Au gehörte. Warum er sobald wieder gekündigt hat, wissen wir nicht. Er bereute seinen Entschluß allerdings bald. Am Palmsonntag des Jahres 1773 kehrte er reumütig zu seinem ersten Dienstherrn zurück und arbeitete von da an nicht nur in der Landwirtschaft, sondern auch im Wald und im Gipsbruch mit. Was er dort sah, hat er in späteren Jahren schriftlich festgehalten.

Eines Tages stieß er im Hause auf das Große Nürnbergische Rechenbuch von Kleemann aus dem Jahre 1715, ein damals sehr verbreitetes Standardwerk, und von diesem Tag an ließ ihn die Mathematik nicht mehr los. »An den Feyertagen, wozu er auch manche Nacht nahm, kam er soweit, daß er die ganze Arithmetik und die Algebra bis zu den höheren Gleichungen lernte«. Was die Daisenbergers, die anderen Knechte und Mägde des Hofes und die übrigen Auer dazu sagten, ist nicht überliefert. Die Aufzeichnungen der Familie lassen nicht einmal ahnen, welches Genie da mit ihnen zusammenlebte. Sicher haben manche über Prändel den Kopf geschüttelt, zumal ihm seine Leidenschaft keine Zeit gelassen haben wird, an den zahlreichen Feiertagen zum Schrenk oder in das Wirtshaus am Fuße des Kienbergs zu gehen. Der Bauernknecht machte in seiner Kammer auf dem Daisenbergerhof »manch unvollkommene Erfindung in der Mathematik, von der er in der Folge zu seinem Erstaunen erfuhr, daß sie bereits vor einem Jahrhundert als vollendet existierte«. Er teilte damit das Los einiger anderer Autodidakten in der Mathematik.

Prändel war aber nicht nur von der Mathematik fasziniert. Er dichtete auch Volkslieder, »die in ländlichen Zirkeln gerne gesungen wurden«. Leider kennen wir keines davon. Schließlich vollbrachte er im Dorf unterm Rißkopf noch eine weitere Leistung: »Ohne ein astronomisches Buch und die Namen der Gestirne zu kennen, beobachtete er den Lauf derselben mit der größten Genauigkeit und bildete sich ein System«. 1777, am Lichtmeßtag, verließ er die Familie Daisenberger und Oberau wieder. (Sein Bruder blieb noch bis 1779.) »Johann Georg Prändel gieng auf München in seine Vaterstadt zurück, in Willen ein Zimmermann zu werden, allein er wurde es nicht, sondern blieb bey seinem Vater auf dasiger Gypsmille«. (Ch)

Viereinhalb Jahre hatte er es damit in seiner ersten und letzten Stelle als Knecht ausgehalten, weit länger als die meisten seiner Berufskollegen. Sicher hat er nach dem Weggang vom Hof die Daisenbergers noch öfters in der Gipsmühle getroffen und mit ihnen über alte Zeiten geredet, die Familienchronisten erwähnen ihn aber nicht mehr. Vermutlich haben sie ihn auch auf seinem weiteren Lebensweg nicht mehr verfolgt, wie wir das kurz tun wollen.

Prändel hielt es in der Gipsmühle nicht lange aus. Er muß seinen Geschwistern und Eltern wohl etwas auf die Nerven gefallen sein, weil er »das Verse machen und das Rechnen mit Buchstaben nicht sein lassen wollte«. Deshalb machte ihn sein Arbeitgeber mit dem kurfürstlichen Leibarzt Baader bekannt. Der Hofmeister, der Baaders Söhne, Joseph, Franz und Clemens Alois unterrichtete, gab nun auch Prändel täglich zwei Stunden Unterricht. Clemens Alois Baader ist auch der Verfasser der bisher einzigen Biographie Prändels. Johann Georg lernte so schnell, daß er schon nach acht Monaten von der Akademie der Wissenschaften das Zeugnis der »vollkommenen Fähigkeit« erhielt, in die Rhetorik einzutreten. Am 3. November 1780 wurde Prändel Schüler des Gymnasiums zu München. Nachdem er den ersten »Cursus« in der Philosophie bestanden hatte, ging er 1783 in das Kloster Rottenbuch. Bei den Augustinerchorherrn gefiel es ihm aber gar nicht. Nach einem Dreivierteljahr verließ er das Kloster wieder, da er, wie sein Biograph schreibt, »keinen Beruf zum geistlichen Stande in sich fühlte«. Prändel war ein großer Verehrer der Frauen und schrieb glühende Liebesgedichte. Am Keuschheitsgelübde konnte er wohl keinen rechten Gefallen finden. Das folgende Gedicht, das er nach seinem Klosteraustritt geschrieben und Herrn L**, einem Gönner, gewidmet hat (wahrscheinlich handelt es sich dabei um Herrn Lerch), zeigt, daß er mit den Patres dort einige Konflikte hatte.

*An Herr L*** nach dem Klosteraustritt* (1784)

Nimmer lächelt Dein Blick jene Zufriedenheit
Deinem *Prändel*, wie einst; lohnet mit Trost
nicht mehr
Seine Stunden des Fleisses;
Mißt ihn unter der Söhne Zahl.

Mißt ihn, hartes Geschick! seit er der Maurengruft
Heldenmüthig entkroch, wo die Verzweiflung ihn
und ein ewiges Elend
Statt des Palmasts erwartete.

Wer doch, prüfender Freund, blendete dießmal dein
Wahrheitsforschendes Aug, welches nicht Flittergold,
Sonst zu trügen vermochte,
Nicht die heiligste Scheingestalt?

O entspräche der Mönch immer dem Volksbegriff,
Nähm' das Priestergewand thierische Triebe weg,
Deckten Mienen der Andacht,
Engeln entlehnt, den Schurken nicht;

O wie freudig alsdann böt' ich der Einsamkeit
Meine willige Hand, küßte das Klosterjoch,
Schwür' mit jubelnder Brust der
Welt ein ewiges Lebewohl!

Sey es, daß ich den Schutz sammt der Gemahlinn
Gunst
Durch den schädlichen Sprung vollends vereitelt;
Sey es, daß dich auch mancher
Mir noch obendrein zürnen heißt:

Stehst du dennoch ein Gott mir, – wie es Pflicht gebeut –
Auf dem Herzensaltar, danke noch feyrlich dir,
Als dem ersten der Freunde,
Der mir sanftere Pfade wies.

Johann Georg Prändels

öffentlichen Repetitor der Mathematik und Physik auf dem churfürstlichen Schulhause zu München

Anleitung

zur

Landwirthschaftskunde.

München

bey Joseph Lentner 1797.

Er kehrte nach München zurück und studierte am Lyceum abermals Philosophie, Mathematik und Physik mit den besten Ergebnissen. Von 1785 bis 1799 war er an derselben Anstalt Repetitor für Mathematik und Physik, dann wurde er an das Lyceum in Amberg als ordentlicher Professor für Physik und Mathematik berufen. 1801 ernannte ihn die Bayerische Akademie der Wissenschaften für seine Abhandlung »Optische Betrachtungen der Kugel« zum korrespondierenden Mitglied der physikalischen Klasse. Nach der Umorganisation wurde er Ehrenmitglied, 1803 Professor der Mathematik an der königlichen Pagerie. Am 8. Januar 1816 starb er. Sein mathematisches Werk, darunter eine Reihe von Lehrbüchern, ist umfangreich. Titel wie »Geometrie und ebene Trigonometrie« oder »Kugeldreyeckslehre und höhere Mathematik« sind darunter. Auch mit Ballistik hat er sich beschäftigt, wie der Aufsatz »Die Ballistik oder Anwendung der Parabellehre auf das Bombenwerfen« zeigt. In Au, wo er seine Begeisterung für die Mathematik entdeckte und wo seine Laufbahn begann, erinnern nur einige wenige Zeilen in der Pfarrchronik an ihn. In der Mathematik ist Prändel nicht vergessen. Auf meine Anfrage am Institut für Geschichte der Naturwissenschaften und Mathematik im fernen Hamburg erhielt ich prompt Auskunft über den gelehrten Bauernknecht. Die mehrbändige Geschichte der Mathematik von Moritz Cantor erwähnt Prändel an mehreren Stellen. Auch in die bayerische Literaturgeschichte ist er eingegangen. Bosl hat ihn in seine »Bayerische Biographie« aufgenommen, zusammen mit J. A. Daisenberger, dem Sohn Michaels, mit dem Johann Georg als Knecht gearbeitet hat. Prändel hat das Dorf im oberen Loisachtal nie vergessen und war sein Leben lang stolz darauf, daß er so viel praktische Erfahrungen auf dem Lehen hatte sammeln können. In seinem Buch »Dichtungen in Nebenstunden« hat er in dem Gedicht »Das Dorfmädchen« vermutlich der ältesten Daisenbergertochter Katharina ein literarisches Denkmal gesetzt. In einem anderen Gedicht, »Der Winter« überschrieben, erinnert sich der Mathematiker an das winterliche Au und den Hof:

Du kalter Hain,
Kein Sonnenschein
Belebt die wiegenden Zweige.
Kein Jugendklee,
Nur Silberschnee
umflockt die knarrenden Steige.

Die Trift ist still
Kein Herdgebrüll
Ertönt vom schattichten Thale.
Das Vieh beym Heu
Wünscht sich den May,
Verschläft den Winter im Stalle.

BETT, BETTSTATT UND KASTEN

Seine Kinder gut zu verheiraten und ihnen ein ansehnliches Heiratsgut mitzugeben, war wohl eines der wichtigsten Lebensziele des alten Daisenbergers. Der Auer Heiratsmarkt war allerdings, etwas respektlos ausgedrückt, sehr eng. Als Benedikt und Michael, beide schon über dreißig, auf Freiersfüßen wandelten, kamen für sie nur ganz wenige Mädchen im Dorf in Betracht. Der Ort hatte nur etwa 120 Einwohner. Für Michael, Jahrgang 1758, kamen Mädchen in die engere Auswahl, die zwischen 1758 und 1773 geboren worden waren. Dabei habe ich stillschweigend angenommen, daß er eine Braut, die älter war als er, nicht so gerne wollte. Da aber Mädchen, deren Eltern nur eine Leersölde ohne Grund und Boden hatten, von vorneherein als Ehepartnerinnen nicht in Frage kamen, brauchte man keine fünf Finger, um die möglichen Bäuerinnen aufzuzählen. Nur sehr selten gab es im Dorf einmal einen sozialen Aufstieg durch Eheschließung. Daß ein Mädchen oder ein Bursche aus einem Bloßhäusel in ein Anwesen mit Grund und Boden einheiratete, kam so gut wie nicht vor. Mehr als zwei Beispiele habe ich in den über 300 Jahre sorgfältig geführten Kirchenbüchern für die Filiale Au nicht gefunden: Die Bräute waren in beiden Fällen Witwen, deren Chancen auf dem Heiratsmarkt wohl schon etwas gesunken waren.

Die Aussichten, durch Heirat der Misere des Bloßhäuslers zu entrinnen, waren also gering. Die Bauern blieben unter sich. Häufiger war da schon der Fall, daß nachgeborene Söhne aus kinderreichen Bauernfamilien die soziale Leiter hinabstiegen und in eine Leersölde einheirateten. Der Betrag, den der Hofübernehmer an seine Geschwister auszahlte, reichte eben nur in den seltensten Fällen aus, um dem Nachgeborenen die Einheirat in ein Bauerngut zu ermöglichen.

Weil die Auswahl an ebenbürtigen Ehepartnern so gering war, mußten sich die Auer ihre Ehepartner zumeist auswärts suchen. Bei ungefähr 250 Eheschließungen kam die Braut oder der Bräutigam auch nur in 20 % der Fälle aus dem Dorf selbst, dagegen in etwa 50 % aus anderen Orten des heutigen Landkreises Garmisch-Partenkirchen, in etwa 15 % aus dem heutigen Landkreis Weilheim und aus der Gegend um Starnberg, zu 8 % aus dem benachbarten Tirol. Obwohl es mit den Nachbarn im freisingischen Werdenfels nahezu 500 Jahre Streitigkeiten wegen der Wald- und Weidenutzung gab und die Auseinandersetzungen nicht nur mit Papier und Tinte, sondern gelegentlich auch mit Brachialgewalt und gegenseitiger Pfändung der Rösser geführt wurden, haben sich die Auer ihre Bräute doch sehr oft von jenseits der Grenze geholt. Oft heirateten Werdenfelser auch in das Dorf an der Churbaierischen Grenze. Auch die Daisenbergers hatten zahlreiche Verwandte im »feindlichen Ausland«.

Viele Generationen lang kamen die Auer Bauern und ihre Söhne mit Holz und Gipssteinen nach München. Dennoch ist in den Kirchenbüchern kein einziger Fall zu finden, in dem ein Bauernbursch seine Hochzeiterin von dort nach Au gebracht hätte. Eine »Städtische«, die mit den Sitten und Gebräuchen nicht vertraut war und die die Bauernarbeit nicht kannte, konnte man nicht brauchen.

Wer den Bauern Geldgier und Hartherzigkeit unterstellt, wenn sie danach trachteten, für ihre Söhne und Töchter Ehepartner zu finden, die möglichst viel an Mitgift in die Ehe brachten, der kennt einfach die damaligen Verhältnisse nicht: Bauern konnten sich keine romantischen Gefühle und Sentimentalitäten leisten. Das Leben war anders als in vielen Stücken für das Bauerntheater, in denen die arme Magd am Ende doch noch den reichen Hoferben oder der Kleinhäuslersohn die Tochter des Großbauern bekommt. Für den Übergeber des Hofes, der mit seiner Frau in das Austragsstüberl ging, gab es keine staatliche Altersversorgung. Sein Bestreben mußte es also sein, das Anwesen in seiner Substanz zu erhalten, so daß es auch noch ihn und seine Frau als

Pfründner ernähren konnte. Auch für die Geschwister, die den Hof verließen, mußte gesorgt werden. War das Erbgut, das ihnen ausgezahlt wurde, zu gering, hatten sie wenig Chancen, in einen Hof einzuheiraten. Sie mußten dann ein Leben lang als Knecht oder Dirn auf anderen Höfen zubringen oder mit einer Braut oder einem Bräutigam aus einem »Sternguckerhäuschen« vorlieb nehmen, so genannt, weil man nur zu oft den Sternenhimmel durch das schadhafte Dach sah. Hinzu kam, daß bei den Bauern, die ihren Hof nicht im freien Eigentum hatten, beim Wechsel des Besitzers Laudemien, also Erbschaftsteuern und Briefgeld anfielen. Das konnte, wie bei den Daisenbergers, ein erheblicher Brocken sein. Wollte der alte Bauer also nicht riskieren, daß der Hof als Folge der Übergabe und der Erbauseinandersetzungen finanziell ausblutete – von einem solchen Fall werden wir noch hören –, blieb ihm gar nichts anderes übrig, als darauf zu achten, daß die zukünftige junge Bäuerin oder der einheiratende Bursche einiges an Mitgift einbrachte. Auf persönliche Gefühle des Hofübernehmers, auf Liebschaften und Leidenschaften konnte man da wirklich keine Rücksicht nehmen. Selbstverständlich achteten auch die Geschwister darauf, daß die Hochzeiterin des jungen Bauern nicht »notig« war. Ihr eigenes Schicksal hing ja zu einem guten Teil von der Wahl der Braut ab. Weil es also auf eine »gute Heirat« ankam, konnte es durchaus sein, daß nicht der älteste Sohn gegenüber seinen Brüdern und Schwestern den Vorrang hatte, sondern dasjenige der Geschwister, das den Ehepartner mit dem meisten Geld auf das Anwesen brachte. Bei der Hofübergabe wurde natürlich bei den Bauern, die ihr Anwesen von einem Grundherren auf Freistift, Leibgeding oder Erbrecht hatten, nur der Wert des Nutzungseigentums und das sonstige persönliche Vermögen des Bauern übergeben. Der einheiratende Ehepartner erhielt durch das Heiratsgut, das er einbrachte, das Miteigentum. Die Verfügungsgewalt über das Nutzungseigentum des Anwesens behielt jedoch der Bauer. Der Bäuerin blieb ihr Heiratsgut. Wie wir später noch am Beispiel des Ehevertrags der Daisenbergertochter Maria Anna sehen werden, war der

Bauer, falls seine Ehefrau vor ihm verstarb und keine Kinder da waren, verpflichtet, einen gewissen Anteil dieses Heiratsguts wieder an die Verwandten zurückzahlen. Starb die Bäuerin und waren leibliche Kinder da, erhielten sie den größten Teil des mütterlichen Heiratsguts als Abfindung. Neben dem Heiratsgut brachte die Braut auch noch eine »eheliche Ausfertigung« auf den Hof, in den Dörfern des Loisachtals meist Bett, Bettstatt und Kasten – die Möblierung war damals recht spärlich – und eine Kuh »von der ersten Wahl«.

Die Kinder des alten Daisenbergers waren begehrte Ehepartner. Die Summen, die sie bei ihrer Heirat ausbezahlt bekamen, lagen weit über den im Klostergericht Ettal üblichen Beträgen. Stichproben in den Briefprotokollen des Gerichts lassen vermuten, daß von Hazzi mit seiner Behauptung, »Heiratsgelder von 100 bis 200 fl sind die größten«, durchaus richtig lag. Weniger als 1000 fl in bar brachte keines der Daisenbergerkinder in die Ehe mit, nicht mitgerechnet die Summen, die die Kinder nach dem Ableben des Vaters noch erhalten hatten. Geheiratet wurde im übrigen im Herbst oder im Winter, wenn die Ernte eingebracht war. Nur Benedikt, der älteste Sohn, machte eine Ausnahme, für die allerdings ein triftiger Grund vorlag.

Orientiert man sich an den Angaben von Hazzis, der schrieb, »der Werth eines Hofes steigt von 1000 bis 1200 fl.«, so entsprach das Erbgut der Daisenbergerkinder mindestens einem ganzen Anwesen. Bei einer derartigen Mitgift ließen sich natürlich auch die Bedingungen des Ehevertrags günstig gestalten, der im wesentlichen schon bei der »Beschau« ausgehandelt wurde. Die einheiratende Braut ging mit ihrem Vater auf den Hof des Bräutigams, um das »Sach« zu besichtigen. Auf dieses Ritual wurde auch dann nicht verzichtet, wenn, wie im Fall der Daisenbergers, der Brautvater als unmittelbarer Nachbar jede Kuh, jedes Pferd und jedes Grundstück aufs genaueste kannte. War man sich bei der Beschau über das Heiratsgut und die sonstigen Bedingungen des Ehekontrakts einig geworden, führte der nächste Weg zum Klosterrichter. Dort mußte die Heiratserlaubnis eingeholt werden. Der Grundherr mußte als Obereigentümer des Hofs auch mit der Hofübergabe einverstanden sein. Vor dem Klosterrichter, der weltlichen Obrigkeit, versprachen die zukünftigen Eheleute in Anwesenheit zweier Zeugen einander, das dort gegebene Eheversprechen »auch durch nächstkünftige würkliche Ehelichung zu erfüllen« und machten sich »gerichtlich verbindlich«. Außerdem wurde der Ehekontrakt ausgefertigt. Erst dann suchten die Brautleute den Pfarrer auf. Im Pfarrhof bestellte man das Aufgebot und bestimmte den Tag für das Stuhlfest. Bei diesem feierlichen Akt wurde vor dem Pfarrer und zwei Zeugen die kirchliche Verlobung geschlossen. Sie bedeutete bereits eine feste Verbindung. Am Hochzeitstag selbst gab es vor der Trauung und dem Hochzeitsmahl in der Frühe beim Wirt die sogenannte Morgensuppe, im Klostergericht und im Werdenfelser Land zumeist eine Brühe mit Nudeln und Würsten darin. Heiratete ein Bauernsohn oder eine Bauerntochter, die nicht den elterlichen Hof erbten, so war im Übergabevertrag meist vereinbart, daß die Morgensuppe und die Kirchenkleidung vom Hoferben zu bezahlen waren. Am Goldenen Tag, dem Tag nach der Hochzeit, wurde ein Teil der vereinbarten Mitgift ausbezahlt und, wenn der Hof genügend groß war, noch einmal beim Wirt ein tüchtige Zeche gemacht.

Als erste verließ die älteste Tochter, Katharina, 1787 das elterliche Anwesen. Sie verehelichte sich für damalige Verhältnisse sehr spät und galt mit ihren 36 Jahren schon als ältere Frau. Da der Vater nach dem Tod seiner Frau nicht mehr geheiratet hatte, hatte sie auf dem elterlichen Anwesen wohl die Aufgaben der Bäuerin übernommen. Darüber war sie in die Jahre gekommen. Schließlich fand sie aber doch noch einen Mann, einen Witwer, bei der hohen Mitgift, die sie mitbrachte, freilich kein Wunder. »Den 23. Oktober ging unsere Katharina auf Engelsbuit oder die sogenannte Kräzelmill auf die Beschau. Vater und Michael begleiteten sie. Und gleich den 24. war die Stuhlfest und zu Habach der Heuraths Contrakt errichtet. Die Hochzeit war am 12. November, Vater und Benedikt waren dabei ... Ihr

Mann ward ein Witwer und hieß Georg Eberl eben 36 Jahre alt. Engelsbuit ist eine kleine zwischen Habach und Antdorf gelegene Mille. Der Vater gab der Katharina 1000 fl. Heurathgut, 900 fl. zahlte er am Goldenen Tag, das übrigen in 2 Fristen jedesmal 50 fl.« (Ch)

Der alte Daisenberger war seit 1772 Witwer. 18 Jahre lang hatte er mit den Ehalten und seinen Kindern zusammen den Hof bewirtschaftet und war darüber 70 Jahre alt geworden. Jetzt endlich dachte er daran, die Zügel aus der Hand zu geben und sich in den Austrag zurückzuziehen. Selbstverständlich hatte er sich für seinen Ältesten, den Benedikt, Heiratspläne zurechtgelegt. Sie konnten zwar nicht ganz so verwirklicht werden, wie er sich das gedacht hatte, schließlich war er aber doch damit zufrieden.

Zu erzählen ist von einer mißglückten Brautwerbung, die sich ereignete, als die Brüder Benedikt und Michael im heiratsfähigen Alter von 35 und 33 Jahren waren. Was heute in den meisten Familien wohl mindestens zu einem großen Streit geführt hätte, wurde bei den Daisenbergers ganz sachlich und friedlich geregelt. Diese Geschichte zeigt uns besonders deutlich die nüchterne und unromantische bäuerliche Denkweise.

Der Vater gab seinem jüngeren Sohn Michael einen für heute ungewöhnlichen, damals aber anscheinend ganz normalen Auftrag, nämlich für den älteren Bruder Benedikt um die Hand eines Mädchens anzuhalten. Aber lassen wir den Familienchronisten wieder selbst zu Wort kommen: »Der Vater dachte nun auch einmal seine Sache zu verändern, zu diesem Ende schickte er am 13. Dezember den Michael zum Joseph Bichler Hammerschmid allhier, daß er seine Tochter Maria Katharina für seinen Bruder Benedikt zum Weibe begehren sollte«. (Ch) Der Schmied hatte sein Anwesen gleich ums Eck. Er besaß zwar nur einen Ein-Sechstel-Hof, das Anwesen war also nach der steuerlichen Bewertung etwas kleiner als das Daisenbergerische, aber auch der Hammerschmied Bichler, der aus Erwald in Tirol zugezogen war, nagte nicht am Hungertuch. Eine gutgehende Schmiede, die auch vom durchgehenden Verkehr profitierte, und das Floßwerk sorgten für Wohlstand. Er hatte zwei Töchter und drei Söhne. Michael ging die wenigen Schritte zum Schmied hinüber. Leicht wird es ihm nicht gefallen sein, denn vermutlich gefiel ihm die 21 Jahre alte Katharina selbst recht gut, und auch dem Mädchen war, wie wir gleich sehen werden, der jüngere Bruder nicht gleichgültig. Jedenfalls war er kein guter Anwalt seines Bruders, so daß die Brautwerbung anders ausging, als das der Vater gedacht hatte. Katharina erbat zunächst noch etwas Bedenkzeit und traf dann ihre Entscheidung: »Allein da biß zum 29. Dezember Zeit zu bedenken gesetzt wurde, so überließ der Benedikt dem Michael mit dem Willen des Vaters das Gut und alles. Denn die Schmid Katharina hatte den Michael lieber, doch so, daß der Michael dem Benedikt um 200 Gulden mehr hinausbezahlte als der Benedikt dem Michael hinausbezahlt hätte. Am 31. dieß als den letzten Tag des Jahres kam die Katharina mit ihren Eltern auf die Beschau und es wurde auch zugleich der Heurat Contrakt geschlossen, dabey sie und ihr Vater dem Michael 750 Gulden Heuratguth zu bringen versprach«. (Ch)

Nüchterner und kürzer kann man den Ausgang einer Brautwerbung schwerlich schildern. Der Fall zeigt, daß es natürlich auch in der bäuerlichen Welt so etwas wie Liebesheiraten gab, freilich nur dann, wenn sie mit der Heiratspolitik des Familienoberhaupts vereinbar waren. Der Bräutigam war 15 Jahre älter als die Braut, für heutige Verhältnisse ein erheblicher Altersunterschied, für das 18. Jahrhundert ganz und gar nicht ungewöhnlich. Das Heiratsgut, das die Katharina ihrem zukünftigen Mann mitbrachte, war wiederum für die Gegend sehr hoch, genauso wie die Summen, die Michael seinen Geschwistern auszahlte. Der Name »Goldenes Au«, den man damals dem alten Au unterm Kienberg gegeben hatte, war schon berechtigt.

Man ging nun auch sofort daran, die Sache advokatisch zu machen. »Ereignete sich nun die Veränderung in unserem Hause. Am 4. Jenner wurde zu Etall durch den alten Herrn Cammerrichter Melchior Dösch die Übergab und der Heurathsvertrag geschrieben. Und den 5. ging der Michael mit seiner Maria Katharina in Begleitung des Vaters nach Gärmisch, wo beym Herrn Pfarrer die Geistliche Stuhlfest war. Der Benedikt bekam vom Vater 1200 Gulden und der Michael mußte ihm noch 400 Gulden darzu geben, hat also der Benedikt in allem 1600 Gulden Heurathgut bekommen.

Die Maria Anna aber erhielt vom Vater 1000 fl. und der Michael gab ihr 100 fl. dazu. Sie bekam also zum Heurathgut 1100 fl. Zur Übergabssumme mußte der Michael hinaus bezahlen 700 fl. davon erhielten seine zwey Geschwisterte der Benedikt und Maria Anna 500 fl und 200 fl der Vater«. (Ch)

Nachdem der alte Kammerrichter Dösch, der zugleich das Klosterwirtshaus zu Ettal führte, in seiner akkuraten Schrift den Ehevertrag ausgeschrieben hatte, schaute er auch noch, daß er selbst auf seine Rechnung kam. Das Hochzeitsmahl wurde traditionsgemäß in seiner Wirtschaft abgehalten. »Die Hochzeit aber war den 26. Jenner, bestund aus 54 Personen. Die Einsegnung verrichtete unser Hochwürdigen Herr Pfarrer Gabriel Kemeter selbst in unser St. Georgen Kirche und das Hochzeitsmahl war wie gewöhnlich im Gasthause zu Ettal. Am Goldenen Tag erlegte der Schmid Vater wie er versprochen 600 fl, die übrigen 150 Gulden wurden erst in 2 Jahren erlegt«. (Ch) Benedikt nahm es seinem Bruder offensichtlich nicht übel, daß er ihm die Braut ausgespannt hatte, und blieb auf dem Hof. Ausnahmsweise gab es einmal keine Probleme mit den Arbeitskräften: »Nun ist der Michael auf diese Weise Baur geworden, sein Bruder Benedikt blieb bey ihm als Oberknecht. Vetter Thomas und Franz bliben auch. Es blib auch ihre Schwester Maria Anna und unsere Maria Anna, kurz alles blib. Wie leicht der Michael und seine Katharina dieses Jahr getan, werden sie erst abmessen können, wenn sie mehrere Jahre hausen werden«. (Ch) Benedikt blieb noch einige Zeit als Knecht bei seinem Bruder Michael. 1791, am 19. April, »kam unser Benedikt auf die Kräzel Mill als Knecht hinab. Denn die Millerin Katharina deßen Schwester hielt bei dem Vater und Michel inständig um denselben an. Sie verwilligten es auch und also kam der Benedikt vom Heimath hinweg«. (Ch)

1792 heiratete die zweite Daisenbergertochter in das benachbarte Oberammergau. »Gleich im Monat Jenner ereignete sich in unserem Haus etwas Wichtiges. Unsere Maria Anna wurde dem Josef Liebherr Fischers Sohn von Oberammergau den 23. Jenner zur Ehe versprochen und gleich selben Tag bey Gericht sowohl als auch bey Herrn Pfarrer zu Oberammergau die Stuhlfest gemacht. Die Maria Anna verheurathete ihrem Hochzeiter 1000 fl. Den 19. Hornung war die Hochzeit und am goldenen Tag zahlte der Vater die 1000 fl Heurathgut mit lauter bairischen Thalern aus«. (Ch) Der folgende, in umständlichem Juristendeutsch der Zeit verfaßte Heiratsvertrag, der vor dem Klosterrichter in Oberammergau geschlossen wurde, entsprach den damals üblichen Vereinbarungen in Heiratskontrakten:

»Zwischen obersagtem Liebherr und Daisenbergerin mit Beystand ihres freundl. geliebten Vaters, Michael Daisenberger, Bauer zu Oberau, Kammergerichts Ettal, sind nachfolgende Heyraths Pacta ausgeredt, bedungen und beschlossen worden als nämlich und Erstlichen (sic!) hat sich zu ihm Josef Liebherr auf sein alschon unter 26. März 1782 übernohmenes und heutig dato durch diese Übergababänderung neuerlich bestättigtes Anwesen in Oberammergau, so vom löblichen Kloster Ettal in Freystiffts Gerechtigkeit besessen wird samt all-daselbst vorhandenen Hauß- und Baumannsfahrnis und anderer rechtlicher Ein- und Zugehör zu Dorf und Feld, nichts hiervon besondert mit erlangt grundherrlichem Consens hierzu verheyrathet und demselben neben einer ehelichen Ausfertigung als Bett, Bettstadt und Kasten und 1 Kuh von der ersten Wahl zu einem wahr- und beständigen Heyrathguth gleich in bereiter Baarschaft Tausend Gulden zu überbringen versprochen, welche der Hochzeiter von seiner freundlich lieben Braut, vielmehr ihrem obernanntem Vater, der dafür unter Verpfändung seines Vermögens hiermit allerdings gutsteht, schon baar erhalten zu haben, hierdurch gerichtlich einbekennt und hierum seiner Hochzeiterin wie ihrem Vater in bester Rechtsform auf ewig quittiert. Dahingegen, und zu billiger Vergleichung dessen, anderwertens der Hochzeiter seiner freundlich lieben Hochzeiterin all sein hiervon durch übergab an sich gebracht und durch heutige Abänderung in der Hauptsach bestätigtes Anwesen gänzlich und ohne mindeste Ausnahm anverheirathet zugleich auch dieselbe dahin versichert, daß sie nach seinem zeitlichen Hintritt allerdings unvertrieben Gütls-Besitzerin seyn und verbleiben solle.

Belangend Drittens, die unausbleiblige Todsfäll ist in Kraft eines lezten Willens soviel abgemacht worden, daß, wenn sie vor ihm ohne Hinterlassung eines ehelichen Leibserbens mit Tod abgehet, der überlebende Joseph der abgeleibten nächsten Anverwandten für alle in Rechten zu suchen haben heyrathlichen Sprüch und Anforderungen zweyhundert Gulden, gleich sich derselben hiervon gesagt in Person anwesender Vater einer mehreren Erbschafts-Nothgebühr hiermit ausdrücklich begibt, im Gegenfall und da er auch auf vorige Weiß verstirbt, sie desselben nächsten Erben wie dessen nur noch lebende Mutter Maria Anna in Person zugegen solcher Erbschaft sich hierdurch auch ausdrücklich begibt, durchgehend nichts hinauszubezahlen schuldig sondern von der gleichen Hinauszahlung gänzlich befreyt sein soll. Mit welchem diese Heyrath beschlossen und hierüber von sämtlichen Theilen das obrigkeitliche Handgelöbnis erstattet und angenommen worden, geschehen, und zeugen wie hiroben«.

Benedikt Daisenberger blieb von April 1791 bis Lichtmeß 1796 als Knecht bei seinem Schwager und seiner ältesten Schwester in der Krätzelmühle, »wo er alles in guten Stand gebracht« (Ch), dann stand er wieder bei seinem Bruder als Oberknecht ein. Michael freute sich über den guten und zuverlässigen Knecht; die Freude war allerdings nur von kurzer Dauer, denn Benedikt, inzwischen 42 Jahre alt, heiratete noch im selben Jahr. Eigenen Antrieb bei der Brautwerbung hatte er freilich auch diesmal nicht entwikkelt. Die Initiative ging vielmehr von der Braut aus, Maria Anna, einer Witwe, der der größte Hof im Ort gehörte. Ihr stand das Wasser bis zum Hals. Ihr Mann, Ignaz Felber aus Farchant, war gestorben. Aus der ersten Ehe des Moars mit Maria Ledermann waren zwei Kinder da, der siebzehnjährige Kaspar und der vierzehnjährige Ignaz. Aus der zweiten Ehe waren Theresia und der zehnjährige Martin. Der Moarhof war, vor allem wegen der hohen Beträge, die an die Kinder des Bauern aus erster Ehe hinausbezahlt werden mußten, sehr stark mit Schulden belastet. Aus diesem Grund hielt sich die Moarin auch nicht an die übliche Trauerfrist, sondern warb unmittelbar nach dem Tod ihres ersten Mannes am 7. Mai um den ältesten Daisenbergersohn. Derartige schnelle Heiraten nach dem Tod des ersten Ehepartners waren zwar damals nicht die Regel, aber auch nicht ganz ungewöhnlich.

Der Satz, den Imhof für Witwer mit Kleinkindern formulierte, galt unter bestimmten Umständen nicht nur für Männer: »Trauer-Jahre konnte man sich damals nicht leisten, höchstens Trauer-Wochen oder -Tage.« Die Moarhofbäuerin wußte natürlich, daß Benedikt durch seinen Verzicht auf den elterlichen Hof einen schönen Batzen Geld bekommen hatte. ». . . die hinterlassene Witib des den 7. May dieß Jahres verstorbenen Ignatz Felbers Maiers allhier Maria Anna ließ uns keine Ruh, bis daß der Benedikt einwilligte, sie zu ehelichen und das überschuldete Maier Gut anzunehmen. Er nahm also bey 3800 Gulden Schulden an, welche theils denen zweyerley vorhandenen Stiefkindern vermachtes Erbgut, theils auch andere Schulden waren«. (Ch)

Nur sieben Wochen nach dem Tod ihres Mannes heiratete die Moarin wieder. Eine Liebesheirat kann es kaum gewesen sein. Michael zeigte sich auch jetzt noch seinem älteren Bruder dankbar. »Am 22. Juny wurde zu Ettal die Stuhlfest geschrieben und der Michael bezahlte an diesem Tag für den Benedikt alles, sowohl bei der Herrschaft als auch im Wirtshaus, aus Dankbarkeit, weil der ihm das Heimat welches sonst dem Benedikt gehört hätte überlassen hat. Den 23. Juni ging der Benedikt mit seiner Hochzeiterin zum Herrn Pfarrer nacher Gärmisch und am 4. July am St. Ulrichstag war die Hochzeit. Am goldenen Tag wurden 2000 Gulden Heiratgut in baar aufgezahlt, denn so viel hatte der Benedikt seiner Mayrin verheiratet. Und nach etlichen Tägen, da er die 4 älteren Stiefkinder hindrann richtete und auch die übrigen Schulden bezahlte, da lieh ihm der Michael 1000 Gulden ohne Zins. Er hatte also nichts mehr zu verzinsen und konnte doch anfangen zu hausen«. (Ch)

Die Ehe mit der nicht mehr ganz jungen Mairin, die eine reine Zweckverbindung war und die die Witwe davor bewahrte, auf die Gant zu kommen, blieb kinderlos. Benedikt, der etwas später Gemeindsvorsteher wurde und im Dorf ein gewichtiges Wort mitzureden hatte, wurde 83 Jahre alt und starb im Jahre 1837. Seinen jüngeren Bruder Michael überlebte er um 36 Jahre.

VON LEYDEN UND GEWALTIGEM SCHMERZ

Krankheit und Tod nehmen in der Familienchronik mit den breitesten Raum ein. In diesen ergreifenden Abschnitten geben die Daisenbergers auch etwas von ihrer Distanz auf. Die Eintragungen in das kleine schwarze Büchlein lassen etwas von ihrer tiefen, ganz selbstverständlichen Religiosität und ihrem Gottvertrauen ahnen. Sie machen kein großes Aufheben von ihrer Gläubigkeit, nur in einigen wenigen Worten scheint sie auf. Aber auch diese Menschen wurden von Sterbensängsten geplagt, es dürfte ihnen in gläubiger Erwartung des ewigen Lebens jedoch leichter gefallen sein, vom Leben Abschied zu nehmen, als den meisten heutigen Menschen.

Die Bilanz, die Imhof für den hessischen Bauern Johannes Hooss und seine Zeitgenossen zieht, können wir wohl für die Familie Daisenberger und ihre Umgebung übernehmen:

»Wir haben die Kathedralen des Glaubens und Betens durch Kliniken des Kurierens und Wissens ersetzt. Aber Kliniken sind keine Kathedralen, sondern nur für körperliche Belange zuständig. Wir haben die Kirchtürme durch Büchertürme von Universitätsbibliotheken ersetzt. Aber noch so viel rationales Wissen ist nicht Weisheit. Zieht man Bilanz, so hatten es unsere Vorfahren einerseits mit den ›leichteren‹ unter den schweren Dingen im Leben ganz gewiß schwerer als wir, vor allem mit jenen, die mit physischer Existenzsicherung zusammenhingen. Doch schadet es uns meines Erachtens nicht, wenn wir neidlos eingestehen, daß sie sich andererseits mit den ganz schweren Dingen, mit Sterben und Tod, leichter taten als wir. Ihre Welten waren physisch zwar kleiner als die unseren, aber ihre Weltanschauung reichte unendlich weiter«.

Bevor die Menschen vergangener Jahrhunderte aber von dieser Welt gingen, mußten sie oft für uns kaum mehr vorstellbare Schmerzen erdulden. Ertragen könnten wir, die wir uns schon nicht mehr ohne Spritze einen Zahn behandeln lassen, diese Qualen vermutlich sowieso nicht. Die Daisenbergers waren keine Weichlinge. Das durfte man in der damaligen Zeit, in der es kaum schmerzstillende Mittel gab, noch nicht einmal als Kaiser oder König sein. Erst recht nicht als Bauer im Oberland. Wenn Michael der Jüngere von »gewaltigem Schmerz« schreibt, den der an Krebs leidende Vater erdulden mußte, dann war das mit Sicherheit keine Übertreibung. Peter Lahnstein hat in seinem Buch »Das Leben im Barock« einmal geschrieben: »Stellte einer die Frage, worin sich die Menschen jener Zeit am elementarsten von den heutigen unterschieden, so könnte die Antwort lauten: Sie mußten mit ihren Schmerzen leben«. Ärztliche Kunst konnte damals oft nur wenig ausrichten. Zum Arzt, sofern überhaupt einer in der Nähe war, ging man meist zuletzt. Man hielt nicht sehr viel von den Ärzten, und die schlechte Meinung war oft nur zu berechtigt. Arme Leute, die sich keinen studierten Mediziner leisten konnten, waren einmal ausnahmsweise nicht sonderlich benachteiligt. Häufig behalf man sich mit Hausmitteln, die »zumeist nicht schlechter und nicht besser waren als das, was die zünftige Heilkunst zu bieten hatte«. Nützte das nichts, so gab es für die Familie eine Reihe von Möglichkeiten: Da waren einmal in der Nähe die Klosterapotheken von Ettal, von Benediktbeuern und von Rottenbuch. Um von den Patres beraten zu werden und um Medikamente zu bekommen, scheuten die Daisenbergers auch Fußmärsche von 70 Kilometern nicht. Bei Infektionskrankheiten vermochten freilich auch die Benediktiner und die Augustinerchorherren wenig. Dann gab es noch die Wasenmeister in Garmisch und Benediktbeuern, die sogar gelegentlich einen Heilerfolg erzielten, das Kainzenbad bei Partenkirchen und schließlich noch den Doktor in Partenkirchen. Die Erfolge all dieser Heilkundigen und Heilmittel waren zur damaligen Zeit sehr begrenzt. Die Situation des Kranken in der bäuerlichen Welt dieser

Zeit schildert wieder sehr eindringlich Peter Lahnstein in seinem »Report einer guten alten Zeit«: »Hinter jeder ernsten Krankheit stand damals Gevatter Tod. Mit ihm galt es zu ringen, oft in einem Haus drei, vier Mal in einem einzigen langen Winter. Man stand dem Kranken zur Seite, hielt ihm die Hände, wischte ihm den Schweiß von der Stirn; es wurde für ihn gebetet und gesungen. Und oft war es vergeblich, die letzte Stunde war nicht aufzuhalten. Der Sterbende war nicht allein. Seine Leute waren um ihn, er sah in ihre Gesichter, wenn er hinüber ging«.

Die Mutter war auf dem Daisenbergerhof schon 1772, nach 22 Jahren Ehe, gestorben. »Eben am Liechtmeßtage zu Nachts klagte die Mutter, daß sie sehr hartes Stechen und Kopfwehe empfinde. Dort sagte sie zu uns: ›Ich wollte gern noch eine Weille bey euch leben, jetzt wär uns bey einander recht wohl, aber ich förchte, ich muß von euch sterben‹. Sie wurde auch sehr krank, doch durch Hilfe Gottes und Ihrer Schwester Anna, welche ihr so genantes Schwaigerwasser eingab, wurde sie in 4 Wochen besser und gesund. Andreas Streitl wurde ebenfalls krank, da er etwa 14 Täge bei uns war, hatte die damals überall regierende hizige Krankheit, wir wußten und achteten es nicht. Er wurde bald gesund«. (Ch) Die leichte Genesung der Mutter, die der Familienchronist auf die Einnahme von schwefelhaltigem Wasser zurückführte, hielt aber nicht sehr lange an. »Die Mutter wurde auf ein neues krank zu Ende des Merzens, hate eben dieselbe hizige Krankheit, das Mittl ihrer Schwester half nicht mehr: Die Hize und Krankheit nahm überhand. Sie wurde versehen und den 10. Aprill am Fest der 7 Schmerzen Maria, starb sie zu Nachts um 10 Uhr. Gott gebe ihr die ewige Ruhe«. (Ch)

Maria Daisenberger muß eine bemerkenswerte Frau gewesen sein: Der Pfarrer schreibt über sie in das Totenbuch: »von der ganzen Gemeinde geschätzt und geliebt«, eine Eintragung, die ich in den Garmischer Pfarrbüchern bei einer Frau nicht noch einmal gefunden habe. Ob es wirklich Typhus war, an dem die Bäuerin starb, wie der Entdecker der Chronik, Expositus Rusch, glaubte, läßt sich nicht mit

Bestimmtheit sagen (der Pfarrer von Garmisch spricht nur von einer »akuten Krankheit«). Im 18. Jahrhundert wurden die Krankheiten nach ihren Symptomen eingeteilt und nicht nach ihren Ursachen. Hinter der Bezeichnung »hitzige Krankheit« konnten sich eine Reihe ganz verschiedener Krankheiten verbergen. Soviel ist aber sicher: An dieser Krankheit, die epidemisch auftrat, starben hauptsächlich Menschen im »besten Alter«.

Der Bauer, beim Tod seiner Frau erst 52, heiratete nicht mehr. Eine zwingende Notwendigkeit bestand auch nicht. Maria Katharina, die älteste Tochter, war schon 21 Jahre alt. Sie wird bei ihren beiden jüngeren Schwestern, der zwölfjährigen Maria Anna und der kleinen, neunjährigen Maria Rosina, die Mutter vertreten und ihrem Vater und den Geschwistern den Haushalt geführt haben. Benedikt und Michael brauchten mit ihren 18 und 16 Jahren die Mutter nicht mehr so dringend. Die fünf Daisenbergerkinder bekamen also keine Stiefmutter, an die sich zur damaligen Zeit, in der so viele Mütter im Kindbett starben, viele Kinder gewöhnen mußten.

Kaum zwei Wochen nach der Beerdigung der Mutter erkrankte auch der Vater, später dann auch noch alle fünf Kinder. Die ganze Familie war für Wochen so geschwächt, daß kaum mehr die notwendigste Arbeit auf dem Hof getan werden konnte. Im Tagebuch heißt es:

»Am 25. Aprill am Marcustage verspierte der Vater eben diese Krankheit. Es war ihm nicht mehr wohl. Den 29. legte er sich zu Bette, lag 4 Wochen lang in höchster Gefahr aufzukommen. Den 27. Mayi stand er das Erstemall auf durch Hilfe Josephs sogenannten Pikels oder Waßenmeisters zu Gärmisch. Gleich darauf in wenigen Tagen wurden wir Kinder alle fünf krank, brauchten auch vom Pikel von Gärmisch Arzneyen und stunden alle, Gott Lob in 3 biß 4 Wochen von der Krankheit wider auf. Sehr hart taten wir diesen Sommer, keines hate weder Kraft noch Macht, das Floßwerk gaben wir beynahe auf, brachten kaum das Heu und Korn vom Felde herein und weill auch am Scapulierfest der Schaur ziemlich schlug, so war dieses für uns ein hartes Jahr«. (Ch)

1797 erkrankte ebenfalls ein Teil der Hausgenossen auf einmal: »Bald nach Lichtmeß kamen Krankheiten in das Haus, der Knecht Jacob wurde gleich, da er eingestanden, sehr krank. Die Bäuerin Katharina wurde fast mit ihm kränklich. Mußte öfters einnehmen, hate so ein Magen Fieber und beynahe bis Michaely zu thun, bis sie recht gesund wurde. Bläßi Sam bekam auch ein Fieber, brauchte auch lange Zeit sich wieder zu erholen«. (Ch)

Besonders lange mußte Rosina, die jüngste Tochter, leiden. 1782, im Sommer, erkrankte sie, gerade 19 Jahre alt. Die Daisenbergers unternahmen alles, was in ihrer Macht stand, um ihr zu helfen. Alle Bemühungen waren aber schließlich vergeblich. »Zu Anfang des Monats Juny klagte unsere Rosina einige Schwachheiten und Zerschlagung der Glieder. Bald darauf brachte der Vater das Fieber von München mit sich herauf, kam mit harter Mieh nach Hauße legte sich zu Bett und wurde sehr krank. Doch zeigte sich endlich durch Hilfe Doctor Mallers von Partenkirchen nach 8 Wochen Besserung. Aber die Rosina bekam keine Medizin zu ihrer Besserung. Erstlich brauchte sie Arzneyen aus den Apotheken zu Ettal. Hernach gieng unser Michael zweymal vor sie auf Benediktbeuern zum Wasenmaister. Endlich zeigten wir sie dem Doctor von Partenkirch. Dieser rieth wir sollten sie in das Kainzenbad bringen, den sie hat die Gliedersucht. Wir taten es und sie badete 3 Wochen lang. Die Gliedersucht verging, bekam aber dafür das Herzklopfen und war hernach nie mehr recht gesund«. (Ch) Der Zustand der Schwester verschlimmerte sich trotz aller Bemühungen immer mehr. Das ganze Jahr 1783 über kränkelte sie. 1784 schreibt der Vater: »Wir waren dieses Jahr glücklich. Nur die zunehmende Krankheit der Rosina benam uns alle Freude. Zu Ende des Novembers bekam sie geschwollene Füße und man sagte uns, daß es die Wassersucht sey. Der Vater gieng selbst vor sie auf Rothenbuch in die Klosterapotheke, brachte zwar Arzeneyen herein, aber sie halfen nichts«. (Ch) Noch mehrmals ging man im Januar 1785 den Weg zu den Augustinerchorherrn. Die Wegstrecke beträgt hin und zurück, das sei hier in Erinnerung gerufen, etwa 70

Kilometer. »Der Michael ging im Monat Jenner 3 oder 4 mal auf Rothenbuch, brachte vor die Rosina Arzneyen herein. Sie nam alle willig ein, spirte zu weillen einige Linderung aber keine Hilfe. Die Geschwulst nam immer zu und eine harte Huste quelte sie sehr. Sie konnte sich auf die Letzt nicht mehr bewegen, war recht elendig, doch ganz geduldig dabey. Sie wurde zweymal versehen und ist den 17. Hornung um halb 6 Uhr früh selig gestorben. Gott gebe ihr die ewige Ruhe«. (Ch)

Besonders schwer traf die Familie das Siechtum und der Tod des Vaters. Der alte Daisenberger genoß großes Ansehen im Dorf und muß eine starke Persönlichkeit gewesen sein. Sein ganzes Trachten galt seinen Kindern, denen er einen möglichst guten Start im Leben verschaffen wollte und für die er sehr viel Geld erwirtschaftet hatte. 20 Jahre lebte er mit seinen Kindern und den Ehalten zusammen als Witwer auf dem Hof. Erst zwei Jahre zuvor hatte er den Hof an seinen Sohn Michael übergeben. Im Alter von 72 Jahren dann war auch seine Stunde gekommen:

»Der Vater klagte schon verwichenen Herbst über eine Art von Mundsper, indem er mit harter Mühe das Maul zum Essen öffnen konnte. Mit Anfang dieses Jahres wurde das Übel immer schlimmer und es setzte sich gar bald ober den linken Kinbeyn ein Wimmer an, einer Wälschen Nüße groß, der nach und nach größer als ein Hennenei wurde. Alle angewandte Mittl, Pflaster und Salben halfen nicht. Er mußte gewaltige Schmerzen leiden und obwohl er sonst noch ganz kräftig war, so fieng er doch an, am Leib abzuzehrn. Am St. Veitstag auf welchen Tag eben das Herz Jesu Fest einfiel, konnt er das letztemal auf Farchant in die Kirchen wo der damahlige Coporator Herr Heinrich Schändel von dem Herzen Jesu, zu welchen der Vater sein Lebtag ein ganz besondere Andacht trug, ein Predigt gehalten hate. Er kam alsdann nicht mehr aus dem Haus und war meistens ligerhaft, doch dauerte das leyden und der gewaltige Schmerz bis den 15. Oktober an St. Theresien Tag, an welchen der Vater ganz sanft verstorben. Er ist unlängst zuvor mit denen heiligen Sakramenten versehen worden und von ungefähr ist Pater Romuald unser Herr Vötter von Etall herunter gekommen und ist dem Vater in seiner Sterbestund beygestanden«. (Ch)

Nicht nur Pater Klöck, ein Verwandter der jungen Bäuerin aus dem Nachbardorf Farchant, ging den Kienberg herunter, um die Sterbesakramente zu spenden, auch die Tochter Katharina und der Sohn Benedikt kamen von Murnau herauf, um den Vater noch einmal zu sehen. »Es sind auch schon Tags zuvor die Kräzelmillerin Katharina und der Benedikt heraufgekommen und waren also zu ihren besonderen Trost bey dem Sterben des Vaters gegenwärtig. Der Vater hat alles ordentlich gericht und hin und wider etwas zum Guten und zu Hilf der armen Leuth verschaft. Er war allezeit rechtschafen ohne Falschheit und sehr eifrig und scharf, wenn er bey anderen etwas Unrechtes sah«. (Ch)

Der alte Daisenberger hatte zwar schon 1790 übergeben, er war aber, um sich seine persönliche Unabhängigkeit zu bewahren, mit erheblichen finanziellen Reserven in den Austrag gegangen. Er konnte deshalb seinen Kindern vor seinem Ableben nochmals einen ansehnlichen Geldbetrag vermachen. Und so schreibt Michael in das schwarze Büchlein: »Er hat uns noch an paren Geld 2000 fl hinterlassen, wo jedes von seinen 4 Kindern 500 fl. zoh. Gott vergelte ihm als tausentfach und gib ihm die ewige Ruhe«. (Ch)

Am 15. Oktober 1792 vermerkt der Pfarrer von Garmisch im Sterbebuch die Todesursache: »Tumor cancerosus in maxilla«, d. h. Krebsgeschwür am Oberkiefer. Er nennt den alten Daisenberger einen gebildeten (cultus) und sehr frommen Mann, der ein überaus lobenswertes christliches Leben geführt und der Gott und seine Priester sehr geliebt habe.

Aber das Leben auf dem Hof mußte ja weitergehen. Vier Monate vor dem Tod des Vaters am 24. Juni »dingte der Michael den Andreas Oßwald Ruzens Sohn von hier weill der Vater, der bis im Juny doch immer etwas gearbeitet hat, nun gar nichts mehr thun konnte, mithin ging die Arbeit

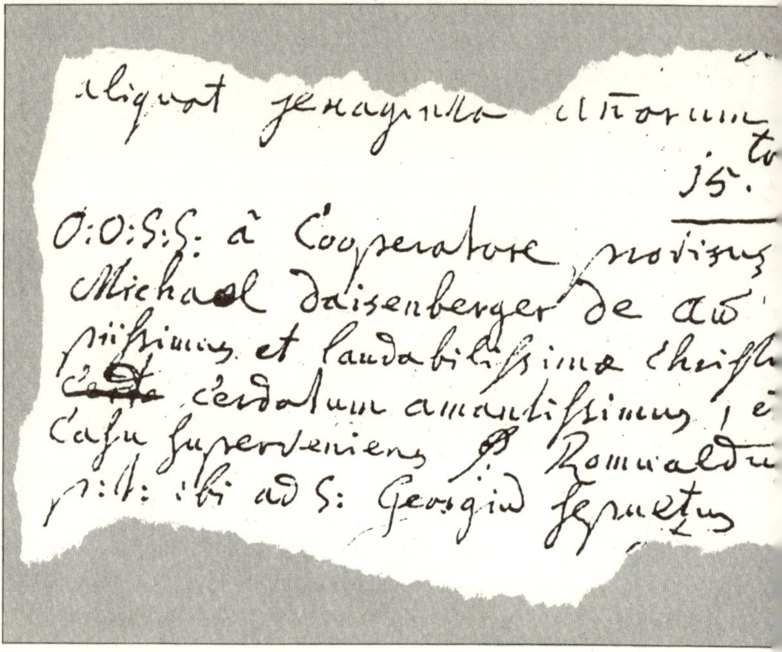

aliquot septimanas ... ctorum
15.
O:O:S:S: à Cooperatore noviss
Michael Daisenberger de Au
...issimus et laudabilissima christi
cerdotum amantissimus; è
casu superveniens P. Romualdus
p:t: ibi ad S: Georgium sepultus

Eintrag ins Totenbuch für Michael Daisenberger den Älteren

doch gut vor sich, denn der Sebastian Lindauer war ein sehr guter Knecht«. (Ch) Auch die Wolfratshauser Verwandtschaft ließ die Familie in dieser Lage nicht im Stich: »Vetter Anton Schöttl, Fränzels Bruder und des Titen von Wolfratshausen jüngster Sohn kam zu den Seelen Gottesdiensten des Vaters herauf und blieben auch nachgehens beständig da«. (Ch)

1969, ein grauer Novembertag. Mit dem Mesner von Oberau sitze ich im alten Garmischer Pfarrhaus. Wir blättern in den Totenbüchern, in denen auch die Verstorbenen der Filiale Au verzeichnet sind. Einer liest vor, der andere spricht den Text nochmals auf Kassette: Mehr oder weniger ausführliche Eintragungen des Pfarrers oder des Kooperators, je nach der Stellung, die der Verstorbene im irdischen Leben eingenommen hat, aber alle Texte nüchtern und sach-

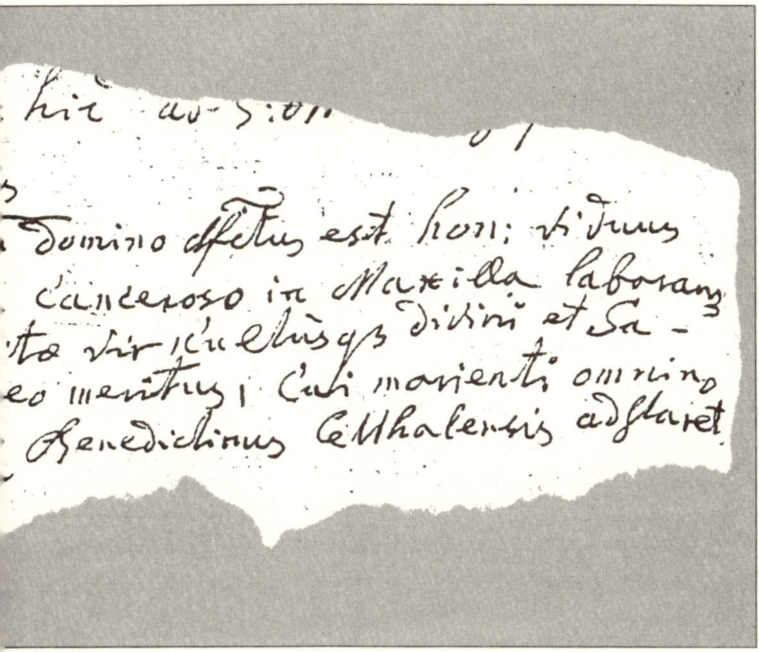
Domino effectus est hon: vidums
canceroso in Maxilla laborans
to viriculisq divini et Sa-
eo munitus, Cui morienti omnino
Benedictinus Cellthalensis adstaret

lich. Und trotzdem, bei manchen Zeilen können wir beide unsere Betroffenheit nicht verbergen.

Nur ein Beispiel, schon aus dem 19. Jahrhundert. Das Schicksal einer Bloßhäuslerin, der Analphabetin Therese Noy: Ein armseliges Dasein im alten Mauthaus, in dem sie in neun (!) Jahren, von 1829 bis 1838, 11 Kinder, darunter einmal Drillinge, zur Welt brachte, das letzte im Dezember 1838. 1839 starb ihr Mann, der Taglöhner Andreas Noy, gerade 37 Jahre alt. Nur drei Kinder erreichten das Erwachsenenalter, acht starben im ersten Lebensjahr. Fünfmal gab sie einem Sohn den Namen Martin, in der Hoffnung, daß wenigstens *ein* Martin einmal am Leben bleibt. Als sie selbst im Alter von 81 Jahren starb, lebte von elf Kindern nur noch eines, Mathias Martin.

Wir fragen uns: Was müssen das für Menschen gewesen sein, die an einem solchen fürchterlichen Schicksal nicht zerbrachen? Vor kurzem habe ich gelesen, daß sich Eltern, die ein Kind verloren haben, in Selbsthilfegruppen zusammengeschlossen haben, um sich gegenseitig zu helfen und um ihre Depressionen zu lindern. Wer hat die Mütter und Väter damals getröstet, denen der Tod nicht nur ein Kind, sondern fünf, sechs und mehr entrissen hat? Oder hat die Menschen damals das Sterben der Kleinen gleichgültig gelassen? Haben sie von vorneherein, weil sie schon erst gar nicht mit dem Überleben gerechnet haben, nicht sehr viel Gefühl in die Kinder »investiert«? Waren sie mehr an ihrem Seelenheil als an einem längeren Erdenaufenthalt interessiert? War es für sie vor allem wichtig, daß sie getauft wurden? Fanden sie hinreichenden Trost in dem Glauben, daß damit die Kinder in den Himmel eingingen? Ich weiß es nicht für die Therese Noy, und ich weiß es auch nicht für die vielen anderen in den Garmischer Kirchenbüchern verzeichneten Mütter und Väter, die ähnliche Schicksale hatten. Für die Daisenbergers glaube ich es zu wissen: Sie waren traurig, wenn ein Kind starb, aber sie waren sicher besser darauf vorbereitet als wir Eltern heute. Sie waren mit dem Tod vertraut. Sie waren am Sterbebett der Großmutter gestanden und hatten die letzten Stunden der Mutter, der Schwester und des Vaters miterlebt. Daß ein Kindersarg aus dem Haus getragen wurde, war man gewohnt. Es geschah oft genug in ihrer unmittelbaren Umgebung. Man nahm es hin, man kannte es nicht anders; die Kindersterblichkeit war in Oberbayern extrem hoch, vermutlich vor allem deshalb, weil die Frauen auf dem Lande nur selten stillten und die Kinder statt dessen mit Kuhmilch und Mehlbrei ernährten. In München und Umgebung starb damals nahezu jedes zweite Kind im Lauf des ersten Lebensjahres, meistens an Erkrankungen der Verdauungsorgane, am häufigsten in den Sommermonaten, wenn brütende Hitze über dem Land lag und – es war eine Zeit ohne Kühlschrank – die Lebensmittel verdarben. Besonders gefährlich war für die Kleinen die Sommer-Diarrhoe, Durchfall also, zum Beispiel aufgrund sauer gewordener Milchspeisen. Michael und Katharina hatten vier Kinder miteinander, das jüngste, Joseph Alois, wurde Priester und der Reformator der Oberammergauer Passionsspiele. Von den vier Kindern starben zwei schon früh. Die jungen Eheleute hatten nicht das Glück, das die alten Daisenbergers mit ihren Kindern gehabt hatten. Das erste Kind, 1791 geboren, ein Sohn, starb nach wenigen Wochen. Die knappen Zeilen, die der Vater nach der Beerdigung am ersten Weihnachtsfeiertag schrieb, lassen nichts von Gleichgültigkeit gegenüber dem Leben und dem Sterben der Kinder erkennen, die manche Historiker besonders Eltern aus häufig von Pest und Krieg heimgesuchten Gegenden nachsagen:

»Den 20. November schenkte der Himmel den jungen Eheleuten das erste Kind. Es war ein Sohnlein, bekam im Heiligen Tauf die Nämen Joseph Anton und war zuerst frisch und gesund, doch wurde es nach und nach kränklich und starb nach 5 Wochen eben am heiligen Christabend und am heiligen Christtag Nachmittag wurde es begraben. Hat also das End dieses Jahres uns eine kleine Trauer im Herzen hinterlassen«. 1794 wurde den Daisenbergers eine Tochter geboren: »Den 4. Jenner beschenkte Gott das Daisenbergische Ehepaar mit dem zweyten Kinde, selbes war ein Töchterlein. Im hl. Tauf wurden ihm die Nämen Maria, Theresia, Benedikta gegeben«, und 1795 schließlich kam der spätere Hoferbe zur Welt: »Den 30. September erhielten die Daisenbergischen Eheleute das dritte Himmel-Geschenk, ein Söhnlein, das im hl. Tauf den Namen Antonius allein erhielt und also endigte sich in Ansehung zweyer gesund lebenden Kinder ganz vergnügt und glücklich dieses gegenwärtige Jahr«. (Ch) 1799 wurde schließlich der bereits erwähnte Joseph Alois geboren, ein Jahr darauf starb die kleine Theresia im Alter von sechs Jahren.

HUSAREN UND KÜRISIERREUTER

Die nächsten Jahre waren für den jungen Bauern friedlich und nur durch den Tod seines ersten Sohns getrübt. 1796 aber begann für die Familie, das Dorf und das ganze Gebiet eine schlimme Zeit. Der Revolutionskrieg, von Frankreich ausgehend, berührte auch das Loisachtal. Die Menschen waren Krieg nicht mehr gewöhnt. Die Erinnerung an jenen 27. August 1703, als nur zwei Kilometer südlich des Ortes an der werdenfelsischen Grenze 250 Landausschüsser, Wehrpflichtige also, und 110 Mann des Leibregiments in einem vierstündigen Gefecht einer starken österreichischen Übermacht unterlegen waren, war aber im Ort bestimmt noch lebendig. Der Großvater, Benedikt Daisenberger, hatte das Unglück im Alter von 22 Jahren am eigenen Leibe verspürt. Er muß sie noch gesehen haben, die Weilheimer Bürger und Landausschüsser, die nach der Schlacht über den Kienberg zu flüchten versuchten, von den Kaiserlichen nach Innsbruck geführt wurden und dort, »vom Elend erdrückt«, gestorben sind. Er war auch dabei, als anschließend die Soldaten die Bauernhäuser und die Kirche plünderten, den »Kindlein die Schüchleich und Röcklein auszogen«, das Vieh wegtrieben, die Federbetten aufschlitzten und die Federn unter das Heu mischten. An die düstere Stimmung der damaligen Zeit erinnerte noch ein Kinderlied, das damals ganz in der Nähe, in Mittenwald, entstanden war:

Weber, gump, gump
Der Kaiser schlagt umb
Mit Händ und mit Füß
Mit rostige Spieß
Hat d'Fenster eingschlagn

Hats Blei davon tragn
Hat Kugeln draus gossen
Hat d'Bauern derschossen.

Da auch der zweite Erbfolgekrieg von 1741 bis 1745 die Gegend im wesentlichen verschont hatte, traf die Bauern der Krieg nach einer ungewöhnlich langen Zeit des Friedens besonders hart. Die Situation beschreibt sehr treffend Werner K. Blessing:

»Durchmärsche und Einquartierungen der Massenheere der Napoleonischen Zeit belasteten die Bevölkerung. Wochen- und monatelang durchbrachen sie rücksichtslos den gewohnten Rhythmus von Arbeit und Freizeit, von Tag und Nacht. Offiziere, Mannschaften und Pferde mußten verpflegt werden, Fuhrdienste und Scharwerkarbeit für Biwaks wurden gefordert . . ., die Soldaten machten die Einwohner zu ihren Knechten. Straßen und Fluren erlitten große Schäden, und der Personen- und Güterverkehr . . . erlag den Marschkolonnen, den militärischen Kordons und der Angst vor Beutegier und Brutalität der Truppen . . . Die Gefährdung oder Vernichtung von Leib, Eigentum und Umweltordnung traf die Bevölkerung nach einer langen, ungewöhnlich friedlichen Zeit unvorbereitet, ohne Katastrophen gewohnten Fatalismus, ohne an Krisen angepaßtes Verhaltensrepertoire«.

Eine authentischere Darstellung zu den Ausführungen des Historikers Blessing als die Aufzeichnungen der Familie Daisenberger kann man sich kaum wünschen. Au unterm Kienberg, in dem sich ja zwei alte Handels- und Fernstraßen gabelten, wurde immer weit härter von den Truppendurchzügen und Einquartierungen getroffen als Orte der Gegend, die etwas abseits der Hauptverkehrswege lagen. Hinzu kam, daß das reiche, nur fünf Kilometer entfernte Kloster Ettal seit eh und je eine besondere Anziehungskraft auf die Soldateska ausübte. Zunächst hatten die Durchzüge von Truppen noch den Reiz des Neuen. Joseph Alois Daisenberger schreibt später in seiner »Geschichte des Dorfes Oberammergau«: »Als die ersten österreichischen Kriegsscharen durch das Loisachthal hindurchzogen, gingen mehrere Leute von Ammergau nach Au hinab, um des ungewohnten Anblicks von Soldaten zu genießen. Aber bald wurde ihnen dieser Anblick mehr als zur Genüge im Ort selbst zu Theil«. Auch den Oberauern verging die Neugier rasch.

1796 mußten die Kaiserlichen nach Anfangserfolgen vor dem französischen General Jourdan zurückweichen, sie wurden noch am Lech bei Landsberg und Friedberg von den Franzosen geschlagen. Ein Teil suchte in Tirol Sicherheit. Die Kriegerscharen, die dorthin zurückzogen, nahmen hauptsächlich ihren Weg durch das Loisachtal. Am 24. August kamen etwa 6000 Mann vom Regiment Wartensleben und slavonische Reiter unter General Fröhlich durch die Gegend und lagerten in Oberammergau. Nachdem sie abgezogen waren, kamen nochmals 7000 Mann unter General Giulay, »ein Freicorps, lauter zusammengesetztes Raubervolk«, die in Ettal lagerten. Der junge Bauer schreibt in das Büchlein: »Der Michael hatte nun wieder einen Knecht zu wenig und that wegen Menge der Arbeith etwas hart, allein er that noch weit härter, da am 24. August die fast alles verwüstenden Durchmärsch der Kaiserlichen Kriegsvölker anfiengen und das ganze Korps des General Fröhlich bey uns durch ins Tyroll eilte«. (Ch) Schon bald kamen sie allerdings wieder aus Tirol zurück. Erzherzog Karl hatte den französischen General Jourdan bei Amberg zum Rückzug gezwungen, ihm bei Würzburg eine Niederlage beigebracht und trieb nun dessen Truppen über den Rhein. Auch der französische General Moreau mußte sich aus Bayern zum Rhein zurückziehen. Die Österreicher rückten nach.

»Am 4. September aber kamen sie wieder heraus und dieser Tag und der nächst waren für uns die zwey schlimmsten Täg. Eine Compagnie von einem frey Chor mußten wir 2 Täg im Quartier haben. Dieses waren verstohlene Leut, nebst vielen anderen Sachen haben sie uns auch die 9 besten Imen (Bienenschwärme, H.S.) gestohlen. In den Gärten wurde das Obst, die Erdäpfel und das Kraut fast alles ab und ausgerissen. Es hatten sich auch viele Husaren und Kürisier Reuter in denen Moosgärten und im Unterfeld sich gelagert und um sich Hütten und Feuer zu machen, alle Zäune abgerissen. Das härteste war noch, das beständig ein jeder mit 2 Pferden auf dem Land sein mußte, um diesen Leuten vorzuspanen. Sie brauchten sich entsetzlich die Vorspan zu erbresen und der Benedikt als Mayr mußte manchen Sturm ausstehen. Der Schaden aus dieser Vorspan war, daß eine 6jährige Stute krank nach Hause kam und in 14 Tägen darauf eingegangen, auch haben wir 2 Kummet und einen Sattel verlohren. Dieses Gedräng dauerte bis Michaely, da es endlich ausging. Heu, Haber, Stroh und Holz, alles hat man ihnen verschafen müssen und noch mehr haben sie genommen, wo sie konnten. Mit Oxen und Pferden wurden ganze Acker Grumat abgeweidet und überall Schaden verursacht. Doch Gott Lob, es ist überstanden, Gott hat gewollt, daß wir auch die Plagen des Kriegs empfinden sollen. Wir waren aber umso glücklicher, da uns der liebe Gott von der schrecklichen Viehseuche bewahrt hat, welche in der Grafschaft Werdenfels auch zu Etall und Oberammergau beinahe alles Vieh hingerißen und hate also dieses Jahr noch ein gutes Ende«. (Ch)

J. A. Daisenberger schreibt später über diesen Herbst 1796: »Der zu leistenden Lieferungen war kein Ende. Und für alles das wurde vom Kaiser kein Gulden bezahlt. Da zugleich der Preis der Lebensmittel eine außerordentliche Höhe erreichte, mußten viele . . . bittere Noth leiden. Ja bei dem Fortbestand dieser Zustände steigerte sich noch die Noth des Volkes von Jahr zu Jahr, bis im Jahre 1800 die schon von den sogenannten Freunden genug gedrückten und ausgesaugten Bewohner erst auch noch die feindlichen Kriegsschaaren hereindringen sehen mußten«. Die Hoffnung seines Vaters, daß alles ausgestanden war, sollte sich nicht erfüllen. Für die Familie Daisenberger, das Dorf und das ganze Gebiet kamen noch viele schlimme Jahre. Darüber berichtet uns das Büchlein nichts mehr. Die letzten Eintragungen wurden im Jahr 1797 gemacht. Möglicherweise haben die Wirren der folgenden Jahre dem jungen Bauern die Lust zu weiteren Aufzeichnungen genommen. Deshalb müssen wir hier aus anderen Quellen schöpfen, um wenigstens eine ungefähre Vorstellung von der Not und Bedrängnis zu bekommen, die über die Familie und das Dorf hereinbrachen. Ein besonders zuverlässiger und gründlicher Berichterstatter der folgenden Jahre ist der Geistliche Rat J. A. Daisenberger, der auch noch aus der Quelle der mündlichen Überlieferung schöpfen konnte. Die Schilderung der sich ständig wandelnden Szenerie und der oft hektischen Truppenbewegungen, deren Sinn der Bevölkerung meist verborgen blieb, würde den Leser nur verwirren. Deshalb lediglich einige traurige Höhepunkte, und auch die nur skizzenhaft dargestellt:

1800: Das Werdenfelser Land und die angrenzenden Dörfer des Loisachtales sind voll von Soldaten des österreichischen Kaisers und seiner Koalitionstruppen. 1200 Mann des Generals Le Grun lagern in Au. Später, im Juli, ziehen dann die Franzosen ins Loisachtal. In unmittelbarer Nachbarschaft, in Eschenlohe und Oberammergau, kommt es zu Gefechten mit den kaiserlichen Truppen. Die Franzosen rücken bis Au vor. Ein Waffenstillstand stoppt den weiteren Vormarsch. Die Soldaten der Revolutionsarmee beziehen in den Bauernhäusern Quartier, natürlich auch im Daisenbergerhof. Die Familie flieht zunächst mit den übrigen Bauern und dem Vieh in die Berge. Im Dorf bleibt, so die mündliche Überlieferung, nur eine alte Frau zurück, die den Franzosen Schmalznudeln herausbäckt. »Neben Tirolern und Bayern sieht man vor allem Slawonier, Kroaten, Ungarn, Polen, Italiener, Schweizer und natürlich Franzosen talein- und talauswärts ziehen.« Die Waffenstillstandslinie verläuft südlich des Dorfs an der Grenze zu Werdenfels und wird »zur Frontlinie zwischen zwei Weltmächten.« Die Soldaten Bonapartes haben ihr Hauptquartier im Wirtshaus am Fuße des Kienbergs aufgeschlagen. Eine eher komische Episode in den Wirren des Kriegs: Nicht mehr ganz nüchterne Tiroler Schützen versuchen in der Abenddämmerung trotz der Waffenruhe einen Überfall auf die Schenke, der kläglich mißlingt. Der betrunkene Stoßtrupp wird beim Steinernen Brückl wieder einem österreichischen Offizier übergeben.

Nach der Schlacht bei Hohenlinden, am 3. Dezember 1800, in der der französische General Moreau über Erzherzog Johann von Österreich siegt, marschieren die Franzosen, die mit der Bevölkerung im Loisachtal im allgemeinen weitaus humaner umgingen als die Kaiserlichen, über Au hinaus in die Werdenfelser Orte ein. Noch am 15. Dezember hatte man Leute von Oberammergau nach Au hinuntergeschickt, um die Wälder zu verhauen und den Kaiserlichen den Weg zu versperren. Bis zum 9. Februar 1801, an dem in Luneville Frieden geschlossen wurde bleibt die Mehrzahl der Franzosen im Dorf. Die letzten ziehen Ende April ab. Joseph Alois Daisenberger erzählt: »Diese ganze Zeit war . . . eine traurige Zeit. Immer fremde Gäste auf Kosten der Bewohner zu bewirthen, Verkehr und Handel abgebrochen . . . die Lebensmittel, weil es keine Zufuhr gab, sehr theuer.«

1805: Erneut bricht der Krieg zwischen Frankreich und Österreich aus. Bayern ist diesmal auf seiten Napoleons. Die ersten Soldaten, bayerische Dragoner, sind in Au am 20. Oktober zu sehen. Wieder Truppendurchmärsche, wieder Einquartierungen, wieder drückende Vorspannleistungen, wieder Lieferungen von Nahrungsmitteln und Bargeldzahlungen, allerdings keine Kampfhandlungen, wenigstens nicht in unmittelbarer Nähe, wohl aber im nicht allzu weit entfernten Mittenwald. J. Brandner schreibt für das Nachbardorf Farchant: »In keinem Kriegsjahr . . . drückte die Kriegslast so sehr wie heuer«. Ein Truppenteil der bei Ulm besiegten Österreicher schlägt sich über Au in Richtung Scharnitz durch. Bairische Soldaten verfolgen sie bis zur südlichen Ortsgrenze.

1809: Tirol war 1805 durch den Frieden von Preßburg zu Bayern gekommen, die Tiroler wehren sich jedoch gegen die Herrschaft der Stammesbrüder. Nach dem ersten Kampf am 11. und 12. April, in dem die Tiroler Innsbruck eroberten, machen sie Streifzüge nach Norden. Sie wählen das zentral gelegene Au als Hauptquartier, stehlen und schikanieren die Bauern. Der Landassessor Entress berichtet der Regierung: »Diese Tiroler Schützen fahren fort, in diesem Landgericht in Gemeinschaft mehrerer österreichischer Jäger, vermutlich Deserteure, bald in kleinerer, bald in größerer Anzahl allerhand Unfug und Erpressungen zu begehen. Dieselben patroullieren von Oberau aus nach Unterammergau, Wirmesau und Kohlgrub und sperren die Passagen über den Ettaler Berg. Zur Verpflegung verlangen sie nur mehr gute Speisen und Käse, Butter, Kaffee und Trank nebst Bier auch guten Wein und Branntwein. In Oberammergau und Unterammergau nahmen sie beim dortigen Kramer Rauchtabak, Schnupftabak, Strümpfe, Schnupftücher, sogar Tuch zu Beinkleidern und Zeug zu Westen aus den Läden ohne, so wie für die Verpflegung, das Geringste zu bezahlen. Von Ettal führten sie eine Fuhre Bier ab und dem Wirt von Saulgrub, welcher Bier nach Hause führte, nahmen sie auf offener Straße sein Geld ab, welches aber in nicht mehr als 48 Kreuzer bestand. Die so drückende Erpressung für die Untertanen erbittern dieselben so sehr, daß man Mühe hat, sie vor Selbsthilfe dagegen abzuhalten, welche denselben nur noch größere Übel von seiten dieses Räubergesindels zutragen dürfte«.

Am 6. Juni, nach der dritten Schlacht am Berg Isel gegen die Bayern, rückt Major Teimer, einer aus der alten Garde Andreas Hofers und eine schillernde Persönlichkeit, mit 1600 Mann über den Kienberg Richtung Ammergau vor, 3000 Mann marschieren über Au nach Murnau. Er zieht aber bald wieder ab.

Am 17. Juni kommt er wieder. Seine Westabteilung stößt über Au gegen Murnau vor, wo sie zusammen mit der Ostabteilung von Graf Arco geschlagen wird. Die Tiroler fliehen durch das Dorf Richtung Grenze, nicht ohne in den Bauernhäusern noch »allerhand mitgehen zu lassen«.

1812-1815: Die Kriegsschauplätze sind diesmal weit entfernt, aber die Getreidepreise steigen und steigen. Im dichtbesiedelten Nachbardorf Oberammergau mit seinen zahlreichen Leersölden bekommen viele Leute manche Woche keinen Bissen Brot zu essen. Und als hätten die Menschen noch nicht genug gelitten, bricht über die schon so viele Jahre geplagte Bevölkerung eine katastrophale Versorgungskrise herein, die das getreideimportierende Loisach-

und Ammertal wieder besonders hart trifft. Extrem ungünstige Witterungsbedingungen führen zu sehr schlechten Ernten. Im Jahr 1817 erreicht der Weizenpreis auf der Münchner Schranne eine traurige Rekordhöhe: 73 fl 30 kr (im Januar 1815 war er noch bei etwa 16 fl). Der Geistliche Rat Daisenberger, damals 18 Jahre alt, erinnert sich später: »Als das Gras auf dem Felde herangewachsen war, wurden von Einigen die sogenannten Rappenstengel abgeschnitten und theils roh, theils abgesotten, gegessen. Schnecken wurden in Wiesen und Wäldern aufgesuchet und zu Tausenden verspeiset«.

Als die Kriegsjahre vorüber waren, hatte sich das Leben auch im Loisachtal gründlich verändert. Eine Welt war verlorengegangen: Der Konvent des mächtigen Klosters Ettal, das fast fünfhundert Jahre das Schicksal der Auer Bauern bestimmt hatte, war in alle Winde zerstreut. Die Grenze zu Werdenfels, ein halbes Jahrtausend Zankapfel und oft auch willkommener Vorwand, um an jemandem jenseits der Grenze, den man nicht mochte, sein Mütchen zu kühlen, gab es nicht mehr. Im Maut- und Holzcontroleuramt Au hausten Tagelöhner. Das schlechte Vorbild der einquartierten und durchziehenden Soldaten und ihres Trosses war nicht ohne Wirkung auf die Bevölkerung geblieben. Zum Beispiel war der Anteil der unehelich geborenen Kinder in der Pfarrei Garmisch, 1790 noch bei 6 %, auf 20 % im Jahre 1820 gestiegen. In einem bitterbösen Brief, eines von vielen Klageschreiben, die die Pfarrer damals an ihre Bischöfe schrieben, beklagt sich der Pfarrer von Garmisch darüber, daß »Ehr- und Schamgefühl« verlorengegangen seien und »sittliches Verderben« einreiße. Sein ganzer Zorn trifft den Hauptort Garmisch, über die Filialen Farchant und Au urteilt er etwas milder. Hier wirkte wohl die soziale Kontrolle durch die Nachbarn noch.

In der Urpfarrei Garmisch stagnierte die Wirtschaft. »Der früher mit dem Ausland blühende und segensvolle Verkehr und Erwerb« war nun »gänzlich verdrängt«. In einer anderen Quelle heißt es: »Die Bewohner aber, welche sich vor mehreren Jahren größtentheils mit verschiedenen Handlungen ernährten, welche sie ins Ausland führten, sind größtentheils arm . . ., ihr Lebensunterhalt besteht größtentheils nur in Milch und Erdäpfel«. Der Pfarrer empfiehlt den jüngeren Leuten als Abhilfe die vorübergehende Auswanderung. Anders in Au: Hier trug jetzt die Pioniertat der Familie Daisenberger, die bald 160 Jahre zurücklag, die reichsten Früchte. Nach und nach folgten alle Bauern dem Vorbild der Familie: Sie stellten sich auf die gewinnträchtige Gipsproduktion um und organisierten sich im Verein der Gipsbruch- und Gipsmühlenbesitzer. Die Mitglieder der »Floßfahrenden Gesellschaft«, meist identisch mit den Gipsherstellern, transportierten die Produkte loisach- und isarabwärts. In der Mitte des 19. Jahrhunderts erreichten die Absatzzahlen ihren Höhepunkt. Katharina Daisenberger und ihrem Sohn gelang es, einer der wichtigsten Anbieter zu bleiben.

Epilog

Der junge Bauer sollte die langen Kriegsjahre nicht mehr erleben, auch nicht die Aufhebung des Klosters Ettal, die ein fast fünfhundert Jahre altes Herrschaftssystem beendete. Michael Daisenberger starb am 22. März 1801 im Alter von 44 Jahren nach einem, wie es im Kirchenbuch heißt, »sehr löblichen christlichen Leben«. Nur elf Jahre war er mit seiner Katharina verheiratet gewesen und hatte auf dem Hof regiert. Die Todesursache ist im Kirchenbuch nicht vermerkt.

Michael hinterließ seine Frau, die bei seinem Tod erst 33 Jahre alt war und ihn um 45 Jahre überlebte, den sechsjährigen Sohn Anton und den zweijährigen Sohn Joseph Alois. Katharina heiratete nicht mehr, sondern bewirtschaftete den Hof mit den Ehalten zusammen. Sie gab die Gipserzeugung nicht auf, sondern verdoppelte die Produktion sogar und führte auch die Flößerei fort. Erst 1822 übergab sie das Anwesen an den älteren Sohn Anton. In den schweren Kriegsjahren und bei der Bewältigung der täglichen Probleme auf dem Hof durfte sie wohl auf den Rat und die Unterstützung ihres Schwagers Benedikt zählen.

Über das Leben der Familie nach dem Tod des Vaters, erfahren wir einiges, wenn auch nicht viel, aus den Aufzeichnungen, die ihr jüngerer Sohn Joseph Alois selbst und einige seiner Zeitgenossen gemacht haben. 1804 wurde es in dem Daisenbergischen Austragshäusel, das zu der Zeit unbewohnt war, lebendig. Es wurde zum Schulhaus. Ein Mann zog ein, der das Leben des jüngeren Sohnes Joseph Alois prägen sollte: Pater Othmar Weis. Pater Weis war eines der Opfer der Säkularisation. Den Abschied von seinem geliebten Ettal im Jahre 1803 konnte er zunächst nicht überwinden. Deswegen kehrte er bald in das Kloster zurück, »um nun als Pensionist die geliebte Klosterzelle zu bewohnen, die er in glücklicheren Tagen bewohnet hatte«. Das einst so mächtige Kloster bot freilich einen traurigen Anblick. »Ihm, mit wenigen Mitbrüdern, nachdem die übrigen nach allen Gegenden sich zerstreuet hatten, war das Loos beschieden, über den Ruinen des verödeten Jerusalems zu trauern«. Bald wurde es dem aktiven Mann aber in der verlassenen Abtei zu langweilig. »Da ihm kein Wirkungskreis angewiesen wurde, suchte er sich selbst einen auf. Und er fand einen sehr wohltätigen. In dem Dörflein Oberau, welches eine Stunde vom Kloster Ettal unterhalb des Kienbergs im freundlichen Loysachthale, von steilen Gebirgen umschlossen liegt, war bis dahin nur von kinderfreundlichen Bauern des Ortes oder von gedungenen Schulmeistern, die je auf einen Winter bestellt waren, Schule gehalten worden. Der Jugend dieses Dörfleins beschloß Pater Othmar sich anzunehmen«. Im Jahre 1804 mietete er sich im Daisenbergischen Nebenhause ein. Ganz wollte er Ettal aber doch nicht verlassen. »An den Samstagen Abends oder an den Vorabenden der Festtage kehrte er in seine Zelle zurück, und der Sonn- oder Festtag gehörte Ettal an, von wo am nächstfolgenden Morgen wieder den Berg hinab, der lieben Schule zu gepilgert wurde«.

Anton Daisenberger und Joseph Alois wurden im Daisenbergischen Zuhäusel die Schüler des ehemaligen Paters. »Da stand nun der Doctor der Philosophie in Mitte eines Häufleins von Bauernkindern und lehrte sie vor Allem Gottesfurcht und Tugend. Zugleich unterrichtete er sie auch in allen Lehrgegenständen der Elementarschule so gründlich und mit so vorzüglichem Erfolg, daß bey den feyerlichen Jahresprüfungen, die damals etwas Neues in dieser Gegend waren, nicht bloß die Eltern der Kinder, sondern auch die eingeladenen Geistlichen und Honoratioren der Umgegend Freude und Staunen äußerten«. Pater Weis war den beiden Daisenbergerkindern freilich »kein allzu milder und weichlicher, sondern ein strenger Vater. Er huldigte nicht einer verzärtelnden oder vielmehr durch Verzärtelung verhärtenden Erziehungsmethode, sondern in jener strengen Weise, in

Das Austragshäusl der Daisenbergers; um 1905

welcher er selbst unterrichtet und erzogen worden war, unterrichtete und erzog er. Unfleiß und boshafter Muthwille wurde von ihm sehr nachdrücklich bestraft.«

Der »letzte Ettaler Mönch« bildete im Austragshäusel auch einen Kirchenchor aus. »Aber der Gesangslehrer war selbst noch kein Sänger. Doch das schreckte den Unermüdlichen nicht ab. Er nahm Singunterricht beym Pfarrer, und sowie er ein Meß- oder anderes Kirchenlied mit Mühe vom Pfarrer erlernt hatte, trug er es wieder freudig nach Oberau, um das eben Erlernte die dortigen Kinder zu lehren«.

Drei Jahre unterrichtete er die Auer Kinder, »dann änderte er den Plan seines Wirkens dahin, daß er für Knaben von dort, die zum Genusse seines Unterrichts täglich zu ihm hinaufgehen . . ., eine Schule in seiner Zelle eröffnete.« Zu den Schülern, die täglich den Kienbergweg hinaufgingen, gehörte wieder Joseph Alois. »Unter den Schülern dieser seiner Privatschule war auch Schreiber dieß, der schon in der öffentlichen Schule zu Oberau vom ABC an, seinen Unterricht genossen und nun bald von ihm selbst ermuntert, zu studiren sich entschloß und den Vorbereitungsunterricht bis zum Eintritt in die erste Gymnasialklasse von ihm erhielt«. Es wird erzählt, daß der kleine Daisenberger von dem Seelengottesdienst für den in Padua verstorbenen letzten Ettaler Abt, Alfons Hafner, so beeindruckt war, daß er am selben Tag seine Mutter und Pater Othmar Weis bat, Latein lernen zu dürfen.

Als Pater Weis 1812 zum Pfarrer von Jesenwang ernannt wurde, war es zunächst mit den weiteren Vorbereitungen für die geistliche Laufbahn zu Ende. Joseph Alois kehrte auf den elterlichen Hof zurück. Aber da kümmerte sich der damalige Garmischer Koadjutor und spätere Passauer Domprobst Martin Heufelder um den Bauernbuben. Daisenberger besuchte in München das Gymnasium, das er 1816 absolvierte. Ein Jahr später immatrikulierte er sich an der Universität Landshut, um Priester zu werden. Er besuchte unter anderem Vorlesungen bei Johann Michael Sailer. Der spätere Bischof von Regensburg muß den ausgleichenden und gegenüber seinen Mitmenschen sehr toleranten Daisenberger stark beeinflußt haben. »Sailers irenischer Geist ist noch in Daisenbergers späteren Äußerungen zur Toleranz gegenüber Andersgläubigen zu spüren, so wie er überhaupt ein Muster aus der Priesterschule jenes großen Mannes war, die bis in das 20. Jahrhundert hinein dem südlichen Landesteil Bayerns unendlich viel gegeben hat«. Der junge Oberauer war ein sehr erfolgreicher Student. »Daisenberger behauptete während seiner Studien in allen Klassen so auch in der Theologie immer einen der ersten Plätze.«

Am Karsamstag 1818 erhielt er die niederen Weihen. 1820 bestand er das Examen rigorosum an der Universität. Da er für die höheren Weihen noch zu jung war, ging er, vermutlich zur großen Freude der Mutter, nochmals für kurze Zeit auf den elterlichen Hof zurück und unterrichtete selbst im Austragshäusel die Kinder des Dorfes. Am 4. Oktober 1821 weihte ihn der Eichstätter Weihbischof Felix von Stubenberg zum Priester. Zweieinhalb Wochen später feierte er am Kirchbichel in Oberau Primiz. Diese Feier stand nochmals im Zeichen der jahrhundertelangen Verbundenheit der jetzt aufgelösten Abtei Ettal mit der Familie Daisenberger. Pater Weis, der ehemalige Lehrer und Förderer des Bauernsohns, hielt nämlich die Festpredigt. »Am 21. October 1821 hielt er bey der Primiz eines seiner ehemaligen Schüler zu Oberau die Predigt unter freyem Himmel vor einer Volksmenge von einigen Tausenden, die zu der Feyerlichkeit, dergleichen in der Gegend weit umher seit 18 Jahren keine mehr stattgefunden hatte, zusammengekommen waren. Dem friedlichen Hügel des St. Georgikirchleins gegenüber erscholl wie einst die Stimme des St. Johannes am Jordan, seine gewaltige Stimme, der das Echo aus dem nahen Gebirgswald antwortete.« Pater Weis, der sich mit der neuen Zeit und ihren anderen Wertvorstellungen nicht versöhnen konnte, hatte nichts von seinem Eifer und seinem Kampfgeist verloren. Er wetterte bei der Primiz gegen den Ungeist der Zeit: »Mit Feuereifer bekämpfte er die Grundsätze des neuen Unglaubens der den Thronen wie den Altären gleich feindlichen Freygeisterey, stellte dem katholischen Volke die Gefahren der Verführung vor und mahnte es, dem Glauben und den Sitten der Väter treu anhänglich zu bleiben«. Rochus Dedler, der die Musik für die Oberammergauer Passionsspiele geschaffen hatte, hatte für die Primiz des jüngsten Daisenbergersohns eigens eine Messe komponiert.

Nach diesem großen Tag im schweren und mühsamen Leben der Katharina Daisenberger durchlief Joseph Alois die üblichen Stationen eines Weltpriesters: Koadjutor in Grassau und in Schlehdorf sowie Kurat- und Schulbenefiziat ganz in der Nähe seines Heimatorts, in Farchant. 1831 wurde er Pfarrer in Uffing am Staffelsee. Überall entfaltete er ein segensreiches Wirken und kümmerte sich vor allem um die Jugend des Ortes. So manchen Bauernbuben bereitete er auf das Studium vor. In Oberammergau wünschte man dringend, daß der bei seinen Pfarrkindern sehr beliebte Pfarrer in das Dorf kommen sollte. Nach zwei vergeblichen Gesuchen in den Jahren 1831 und 1839 wandten sich die Oberammergauer direkt an König Ludwig I. In dem Bitt schreiben heißt es: »... bitten wir bei der gegenwärtigen Erledigung der hiesigen Pfarrei Eure Majestät allerunterthänigst dieselbe dem Pfarrer Daisenberger in Uffing allergnädigst zu verleihen, der in unserer Nähe zu Oberau geboren, unsere Verhältnisse und Bedürfnisse kennt, den wir wegen seiner vortrefflichen Eigenschaften hochschätzen und verehren, und zu dem wir das feste Vertrauen haben, dass er als ausgezeichneter Schulmann auf unsere Kinder, mit seinem Kunstsinn auf unsere Industrie, mit Lehre und Beispiel auf unser geistiges Wohl und mit ernster Würde auf die Passions Vorstellungen ... nur segensreich wirken wird«. Diesmal hatten die Oberammergauer Erfolg. Schon einen Monat später war Daisenberger Pfarrer im Passionsort. Joseph Alois kam nur zu gerne in die Nähe seines Geburtsorts, hatte er doch bereits eine Reihe von Jahren zuvor geschrieben: »Ich bekenne es; von erster Jugend an hatte ich eine besondere Vorliebe für Oberammergau. Als Kind erwartete ich sehnsuchtsvoll die Kirchweih von Ammergau; als studierender Jüngling verlebte ich dort sehr angenehme Stunden, in meinen ersten Priesterjahren war es das letzte Ziel meiner Wünsche in Beziehung auf den Ort meines Wirkens, Pfarrer in Oberammergau zu werden«. Nun hatte er dieses Ziel erreicht. Am 30. Juni 1845 schrieb er an den Verleger Lang: »Nun – so hat es Gott denn so gefügt, daß ich als Seelenhirte in das liebe Oberammergau gerufen werde. Ich gehe hin, voll des Gefühls meiner Unmacht und Unwürdigkeit, aber auch voll des Vertrauens auf Gottes allmächtigen Beistand«.

Im Juli 1845 zog er in das Pfarrhaus ein. Die Mutter, die schon 23 Jahre im Austrag lebte, konnte jetzt, im Alter von 78 Jahren, noch einige Monate bei ihrem Sohn verbringen. Am 18. März 1846 starb sie im Oberammergauer Pfarrhaus; ihr Sohn Anton war schon ein Jahr zuvor gestorben. Joseph Alois enttäuschte die hohen Erwartungen der Oberammergauer nicht. Er schrieb eine Reihe von historischen Theaterstücken als Vorbereitungsspiele für das Passionsspiel, verfaßte eine sehr gründliche und solide »Geschichte des Dorfes Oberammergau« und der »Grafen von Eschenlohe« und widmete sich für das Jahr 1850 der Revision des

Passionsspieltextes, der von seinem Freund und Förderer Pater Weis verfaßt worden war. Für die nächsten dreißig Jahre war er auch Spielleiter. Daneben war er Dekan des Kapitels Rottenbuch und kurze Zeit auch Mitglied des Landtags. Trotz all dieser Tätigkeiten blieb der wortgewaltige Prediger aber immer in erster Linie Seelsorger. Es gibt eine Reihe von Anekdoten über ihn, die seine Nachsicht und Güte charakterisieren.

Der Erfolg seiner Inszenierungen war überwältigend. Hans Pörnbacher bezeichnet ihn neben Ferdinand Rosner als »den zweiten großen Erneuerer des ehrwürdigen und alten Spiels«.

Daisenberger war bis 1869, also 24 Jahre lang, Priester in Oberammergau. 1862 hatte ihn König Max zum Geistlichen Rat ernannt. Von Erzbischof Gregorius von Scherr wurde ihm eine Domherrnstelle angeboten. Daisenberger wollte aber in Oberammergau bleiben, wo er noch 14 Jahre im Ruhestand lebte. 1876 erkrankt er schwer. Die Verse, die er damals im Angesicht des Todes schrieb und die später vertont wurden, geben Zeugnis von seiner tiefen, gewiß auch vom Elternhaus geformten Frömmigkeit: »*Mein Gott, Dir hab' ich mich ergeben, / Was Du willst, das gescheh an mir! / Willst Du, ich soll noch länger leben / In diesem Erdenthale hier: / Mir ist es recht, – ich danke Dir. / Und nimmst Du dieses ird'sche Leben / Schon bald, recht bald zurück von mir, / Mit Freuden sei es hingegeben, / Du gibst ein bessres mir dafür! / Mir ist es recht – ich danke Dir!*«

Der Schweizer Wilhelm Wyl, der den Geistlichen Rat vier Jahre vor seinem Tod noch aufgesucht hat, schreibt über seine Eindrücke: »Ich habe den grundgescheidten Greis, dessen Manieren von der schmucklosesten Herzlichkeit sind, in dem Häuschen besucht, wo er jetzt als freiwillig resignierter Pfarrer und geistlicher Rath haust. Es ist erquikkend, eine solche harmonisch in sich abgeschlossene Existenz in der Nähe zu sehen ... So lebt der alte Poet, dessen Aussehen ein Wiener Freund mit dem des greisen Grillparzer verglichen hat, noch immer der großen künstlerischen Leidenschaft seines Dorfes, die er sein Leben lang wie ein heiliges Feuer gepflegt hat«.

Geistlicher Rat Joseph Alois Daisenberger im hohen Alter

Am 20. April 1883 starb der Geistliche Rat Joseph Alois Daisenberger. Die Gemeinde Oberammergau errichtete ihm noch im selben Jahr ein Denkmal mit der Inschrift

DEM
OPFERFREUDIGEN
SEELSORGER UND LEHRER
DEM TREUEN FREUNDE
UND BERATHER
DEM LANGJÄHRIGEN
LEITER DER PASSIONSSPIELE
ERRICHTET
IN DANKBARER LIEBE
UND VEREHRUNG
VON DER GEMEINDE
OBERAMMERGAU
1883

Das schönste Denkmal aber hat ihm, »eines Bauern Sohn von Au«, wie er sich selbst einmal genannt hat, Ludwig Thoma errichtet, dessen Vorfahren mütterlicherseits aus der nächsten Nachbarschaft des Daisenbergerhofes kamen. In seinen »Erinnerungen« schreibt der Dichter, der sonst kein Freund des Klerus war: »Ich habe den alten Herrn noch gut gekannt. Wenn meine Mutter zu Besuch im Verlegerhaus weilte, durfte ich ihm die Augsburger Abendzeitung bringen, die er täglich von meinen Verwandten erhielt. Er hatte stets ein gutes Wort für mich, den er getauft hat; ein Umstand, der meiner Mutter zur Hoffnung und Beruhigung diente, wenn es bei mir im Aufwachsen nicht immer schnurgerade nach oben ging.

Daisenberger war das Urbild eines gütigen Priesters, über dessen Lippen nie ein hartes Wort kam, nie ein unduldsames, und der mit einem stillen Lächeln es ruhig dem Leben überließ, stürmische Meinungen zu glätten. Er kümmerte sich nicht um Ansichten, sondern um das Schicksal eines jeden, er war Freund und Vater in jedem Hause, immer bereit, zu helfen«.

QUELLEN- UND LITERATURVERZEICHNIS

»Wahrhafte Nachrichten der merkwirdigsten Begebenheiten in dem Daisenbergischen Hause seit dem Jahre 1765.« Maschinenabschrift durch Expositus A. Rusch, abgedruckt und mit einigen wenigen Kommentaren und zusätzlichen Angaben aus dem Familienbuch der Filiale Au versehen unter dem Titel »Aus einem Bauernhof im Loisachtal« in: Garmisch-Partenkirchner Tagblatt, 31.3., 1.4., 3.4., 4.4. und 5.4.1933

Einleitung:

Borst, A.: Lebensformen im Mittelalter, Frankfurt 1979

Bräker, U.: Lebensgeschichte und natürliche Ebentheuer des Armen Mannes im Tockenburg, 1789

Imhof, A. E.: Die verlorenen Welten. Alltagsbewältigung durch unsere Vorfahren – und weshalb wir uns heute so schwer damit tun, München 1984

Lahnstein, P.: Report einer »guten alten Zeit«. Zeugnisse und Berichte 1750-1805, Stuttgart 1971

derselbe: Das Leben im Barock. Zeugnisse und Berichte 1640-1740, Stuttgart 1974

LeRoy Ladurie, E.: Montaillou. Ein Dorf vor dem Inquisitor, Frankfurt 1983

Rid, H.: Weilheim im Spanischen Erbfolgekrieg (Nach den Aufzeichnungen Ignatz Deglers), in: Lech-Isar-Land 1932, S. 82-87; S. 100-103

I. Eine Familie stellt sich vor:

Daisenberger, J. A.: Biografien des Pfarrers Ottmar Weis und des Lehrers Rochus Dedler, in: Deutinger, M. V. (Hrsg.): Beyträge zur Geschichte, Topographie und Statistik des Erzbistums München und Freysing, Bd. III, München 1851, S. 385-400

Einige Notizen über den ehemaligen Handel der freysingischen Grafschaft Werdenfels, in: Franz von Caspar's bayerischem National-Blatte für das Jahr 1820, S. 269-272

Fried, P.: Herrschaftsgeschichte der altbayerischen Landgerichte Dachau und Kranzberg im Hoch- und Spätmittelalter sowie in der frühen Neuzeit, München 1962

Gemeindearchiv Oberau, Akt »Forstrechte«

Hazzi, J. v.: Statistische Aufschlüsse über das Herzogthum Bayern, Bd.

I;1, S. 335 f., zitiert nach Schremmer, E.: Die Wirtschaft Bayerns, München 1970
derselbe: Statistische Aufschlüsse über das Herzogthum Baiern, aus ächten Quellen geschöpft. II; 1., Nürnberg 1802
Lütge, F.: Die Bayerische Grundherrschaft. Untersuchungen über die Agrarverfassung Altbayerns im 16.-18. Jahrhundert, Stuttgart 1949
Stutzer, D.: Die Säkularisation 1803. Der Sturm auf Bayerns Kirchen und Klöster, Rosenheim 1978

II. Von der Gröbe des Gebürgs:

Albrecht, D.: Die Klostergerichte Benediktbeuern und Ettal. Historischer Atlas von Bayern. Teil Altbayern, München 1953
Baader, J.: Chronik des Marktes Mittenwald, seiner Kirchen, Stiftungen und Umgegend, 2. Auflage (unveränderter Nachdruck) Mittenwald 1973
Hazzi, Statistische Aufschlüsse, II, 1 (wie I.)
KL Ettal 30 (alte Hofbeschreibung), Hauptstaatsarchiv München
KL Ettal Lit. 51 u. 52 (Angaben der Konskription von 1752 mit Ergänzungen der Hofanlagebücher von 1760), Hauptstaatsarchiv München
Lütge, F.: Die Bayerische Grundherrschaft (wie I.)
Prändel, J. G.: Anleitung zur Landwirthschaftskunde, München 1797.
Schremmer, E.: Die Wirtschaft Bayerns, München 1970
Steuerbuch Nr. 477 Staatsarchiv München (Hofbeschreibung 1671)
Stutzer, D.: Die Säkularisation (wie I.)
derselbe: Wohl gewachsen, munter von Gebärden. Leben in Churbaiern, Rosenheim 1979
derselbe: Der alte bayerische Hoffuß in der historischen Praxis der bäuerlichen Betriebsschätzung und -bewertung, in: Zeitschrift für bayerische Landesgeschichte 42 (1979), S. 285-303
Übergabebriefe und Rechnungen aus Privatbesitz

III. Vom beschwerlichen und gefährlichen Vorspannen:

Dussler, H.: Geschichte der Ettaler Bergstraße, in: Studien und Mitteilungen zur Geschichte des Benediktinerordens 72 (1961)
FA 629/73 (Aussage des Wirts), Staatsarchiv München
Glasthaner, P.: Ettal und die bayerischen Landesfürsten. Ettaler Mandl 3/11 (1958/59), S. 107-115
GL Faszikel 453/183 (Aussage des Abts über den Vorspann), Hauptstaatsarchiv München
KL Faszikel 210/51 (Straßen . . ., dieses Kloster betreffend), Hauptstaatsarchiv München
KL Faszikel 19/15/II (Protokoll des Säkularisationskommissars), Hauptstaatsarchiv München
Koch, L.: Die Wallfahrt, in: Festschrift zum 600jährigen Weihejubiläum der Klosterkirche Ettal, Ettal 1970, S. 123-171

Sartori, E.: Diarium Ettalense. 1683-1739 (Abschrift), Klosterbibliothek Ettal
Stutzer, D.: Weingüter bayerischer Prälatenklöster in Südtirol, Rosenheim 1980

IV. Gypsstein und Fraueneis:

»Darlegungen des Landgerichts Weilheim an die Generallandesdirektion vom 7. März 1803«, zitiert nach Schelle, H. sen.: Vom Glück und Ende der Oberauer »Gipserer«, in: 's Goldene Landl. Beilage des Garmisch-Partenkirchner Tagblatts, Jahrgang 1955, Nr. 10
Flurl, M.: Beschreibung der Gebirge von Baiern und der oberen Pfalz, München 1792
Hofmann, S.: Der Einsturz des Kirchturms in Schongau (1667) und der Neubau von Kirche und Turm (1668-1674), in: Lech-Isar-Land, Dezember 1936
Prändel, J. G.: Vom baierischen Gypse, wo er überall zu Hause ist, wie er zubereitet, genützt und verkauft wird. Kurzgefaßter Chronologisch-Genealogischer Handkalender auf das Jahr 1798, München 1798
Statuten des Vereins der Gypsbruch- und Gypsmühlenbesitzer in der Landgemeinde Oberau, königliches Landgericht Werdenfels. Gemeindearchiv Oberau, Akt »Industrie« (Gipsmühlen) 703/1
Westenrieder, L. v.: Beyträge zur Verbesserung der Landeskultur, 2. Bd., München 1789

V. Riesen und Klausen. Von der Arbeit im Bergwald:

FA Faszikel 648/123 (Waldt- und Holzbeschreibung), Staatsarchiv München
FA 629/73 Nr. 34 (Ansiedlung einer Schmiede), Staatsarchiv München
Hörger, H.: Drei Ettaler Klostervisitationen vor Beginn des Dreißigjährigen Kriegs (1612, 1614, 1619), in: Lech-Isar-Land 1935, S. 30-37
Maasberg, J.: Die Almwirtschaft des Klosters Ettal und der umliegenden Gebiete im ehemaligen Klostergrundherrschaftsbezirk Ettal in geschichtlicher, wirtschaftlicher und rechtlicher Betrachtung, Diss. Innsbruck 1967
Mantel, K.: Forstgeschichtliche Beiträge. Ein Überblick über die Geschichte der Bewaldung, der Wald- und Holznutzung, der Wald- und Forstordnung und der Forstwissenschaft, Hannover 1965
Prändel, J. G.: Fortsetzung des Artikels vom baierischen Holze, in: Kurzgefaßter Chronologisch-Genealogischer Handkalender auf das Jahr 1800. Zum gemeinnützigen Gebrauch für alle Stände, München 1800, S. 32-46
Rubner, H.: Forstgeschichte im Zeitalter der industriellen Revolution, Berlin 1967

Stutzer, D.: Alphons Hafner. Der letzte Ettaler Abt in der Zeit der Säkularisation 1803, in: Festschrift zum Ettaler Doppeljubiläum 1980, Ettal 1980, S. 133-148
Tremel, H.: Die säkularisierten Klosterwaldungen in Altbayern, Diss. München, Dießen 1924

VI. Fahr ma auf Minga mit 'm Floß:

Daisenberger, J. A.: Geschichte des Dorfes Oberammergau, München 1858
Hazzi, J. v.: Statistische Aufschlüsse, Bd. I; 1, zitiert nach Schremmer, E.: Die Wirtschaft Bayerns (wie I.)
Gruber, Ch.: Die Bedeutung der Isar als Verkehrsstraße, München 1890
Prändel, J. G.: Etwas über das Floßwesen auf der Isar und Loisach, in: Kurzgefaßter Chronologisch-Genealogischer Handkalender auf das Jahr 1799, München bey Hübschmann 1799, S. 30-37
Schattenhofer, M.: Aus der Geschichte der Isarflößerei, in: Plessen, M.-L. (Hrsg.): Die Isar. Ein Lebenslauf, München 1983, S. 64-78
Vangerow, H. H.: Vom Stadtrecht zur Forstordnung. München und der Isarwinkel bis zum Jahre 1569, München 1976
derselbe: Die Isarflößer und ihre Verbindungen nach Österreich zwischen 1318 und 1568. Historisches Jahrbuch der Stadt Linz 1959
Werdenfelser Fragstücke; »Erfahrung der Grenitzen, auch aller anderen angelegenheit der Grafschaft Werdenfelß«, Staatsarchiv München, FA Nr. 589/50

VII. Unterm Krummstab ist gut wohnen:

Albrecht, D.: Die Klostergerichte Benediktbeuern und Ettal (wie II.)
Glasthaner, P.: Wirtschaftliche, rechtliche und soziale Lage der bäuerlichen Untertanen der Grund- und Gerichtsherrschaft Ettal im ausgehenden Mittelalter (1330-1525), Diss. München 1920
Haasis, H. G.: Spuren der Besiegten. Freiheitsbewegungen von den Germanenkämpfen bis zu den Bauernaufständen im Dreißigjährigen Krieg, Bd. 1, Hamburg 1984
Henning, F.-W.: Dienste und Abgaben der Bauern im 18. Jahrhundert, Stuttgart 1969
Kataster No. 8833 (1813), Staatsarchiv München
KL Faszikel 19/15/I (Protokoll des Säkularisationskommissars), Hauptstaatsarchiv München
KL Faszikel 19/15/II (Abgabentabelle), Hauptstaatsarchiv München
Lütge, F.: Die Bayerische Grundherrschaft (wie I.)
Pfarrlicher Akt von Oberau betr.: Ältere Akten, Urkunden, und Rechnungen der Kirche von Oberau, Pfarrarchiv Oberau
Prändel, J. G., Etwas über das Floßwesen (wie VI.)
derselbe: Vom baierischen Gypse (wie IV.)

Rechnungsbücher des Filialgotteshauses Au. Pfarrarchiv Oberau
Sartori, E.: Diarum Ettalense (wie III.)
Seuffert, G. K. L.: Statistik des Getreide- und Viktualien-Handels im Königreiche Bayern, München 1857, zitiert nach Blessing, W. K.: Umbruchkrise und »Verstörung«. Die Napoleonische Erschütterung und ihre sozialpsychologische Bedeutung, in: Zeitschrift für Bayerische Landesgeschichte 42 (1979), S. 75-106
Steuerbuch Nr. 477, Staatsarchiv München
Stutzer, D.: Der alte bayerische Hoffuß (wie II.)
derselbe: Alphons Hafner (wie V.)
derselbe: Wohl gewachsen (wie II.)
Weltliche und cumulativ Sachen. Akten der Pfarrei Garmisch, Ordinariatsarchiv München

VIII. Von der Zügellosigkeit und dem Übermuth der Ehalten:

Diepolder, G.: Das Volk in Kurbayern zur Zeit des Kurfürsten Max Emanuel. Beobachtungen zur Demographie, in: Glaser H., (Hrsg.): Geschichte und Kunstgeschichte der Max-Emanuel-Zeit, München 1976, S. 387-405
Hartinger, W.: Bayerisches Dienstbotenleben auf dem Land vom 15.-18. Jahrhundert, in: Zeitschrift für bayerische Landesgeschichte, 38 (1975), S. 598-638
Lütge, F.: Die Bayerische Grundherrschaft (wie I.)
Platzer, H.: Geschichte der ländlichen Arbeitsverhältnisse in Bayern, München 1904
Prändel, J. G.: Anleitung zur Landwirthschaftskunde (wie II.)
derselbe: Vom baierischen Gypse (wie IV.)
Stutzer, D.: Unterbäuerliche gemischte Sozialgruppen Bayerns um 1800 und ihre Arbeits- und Sozialverhältnisse im Spiegel der Statistik, in: Glaser, H. (Hrsg.): Wittelsbach und Bayern. Krone und Verfassung. König Max I. Joseph und der neue Staat. Beiträge zur Bayerischen Geschichte und Kunst 1799-1825 (III/1), S. 290-299
Übergabeverträge und Urkunden aus Privatbesitz

IX. Der studierte Knecht:

Baader, C. A.: Lexikon verstorbener bayrischer Schriftsteller des 18. und 19. Jahrhunderts I, 2, München 1824, S. 152
Bosl, K. (Hrsg.): Bayerische Biographie. 800 Persönlichkeiten aus 15 Jahrhunderten, München 1983
Cantor, M.: Vorlesungen über Geschichte der Mathematik, Bd. 4, Leipzig 1908
Historische Commission bei der Königlichen Akademie der Wissenschaften (Hrsg.): Allgemeine Deutsche Biographie, 26. Bd., Neudruck der 1. Auflage von 1888. Berlin 1970

Poggendorf, J. C.: Biogr. - literarisches Wörterbuch zur Geschichte der exakten Wissenschaften, Bd. 2, Leipzig 1863
Pörnbacher, H.: Literatur in Bayern von 1550 bis 1950, in: Dünninger, E.; Kiesselbach, D. (Hrsg.): Bayerische Literaturgeschichte in ausgewählten Beispielen. Neuzeit, München 1967, S. 7-56
Prändel, J. G.: Dichtungen in Nebenstunden. Amberg und Sulzbach 1802

X. Bett, Bettstatt und Kasten:

Briefprotokolle Schongau 328, Staatsarchiv München
Familienbuch der Filiale Oberau, Pfarrarchiv Garmisch
Hanke, G.: Zur Sozialstruktur der ländlichen Siedlungen Altbayerns im 17. und 18. Jahrhundert, in: Festschrift für Karl Bosl, München 1969, S. 219-269
Lütge, F.: Die Bayerische Grundherrschaft (wie I.)
Übergabebriefe aus Privatbesitz

XI. Von Leyden und gewaltigem Schmerz:

Girstenbrey, W.: Medizinische Wege und Irrwege im Kampf gegen den Tod, in: Metken, S. (Hrsg.): Die letzte Reise. Sterben, Tod und Trauersitten in Oberbayern, München 1984, S. 64-70
Imhof, A. E.: Die verlorenen Welten (wie Einleitung)
Imhof, A. E. unter Mitarbeit von Schmidt, G.: Die Todesursachen, in: Historische Demographie als Sozialgeschichte. Gießen und Umgebung vom 17. bis zum 18. Jahrhundert, hrsg. von Arthur E. Imhof, Darmstadt und Marburg 1975, S. 559-625
Lahnstein, P.: Das Leben im Barock (wie Einleitung)
derselbe: Report einer »guten alten Zeit« (wie Einleitung)
Stutzer, D.: Die Säkularisation 1803 (wie I.)
Totenbücher der Pfarrei Garmisch, Pfarrarchiv Garmisch

XII. Husaren und Kürisierreuter:

Albrecht, D.: Hochstift Freising (Grafschaft Werdenfels). Historischer Atlas von Bayern, Teil Altbayern, München 1955
Baader, J.: Chronik des Marktes Mittenwald (wie II.)
Blessing, W. K.: Umbruchkrise und »Verstörung« (wie VII., Seuffert, G. K. L.)
Brandner, J.: Farchanter Drei-Föhren-Chronik, Weilheim 1978
Daisenberger, J. A.: Geschichte des Dorfes Oberammergau (wie VI.)
Familienbuch der Filiale Oberau, Pfarrarchiv Garmisch
Marktarchiv KAM Garmisch Faszikel 4/I, 2, zitiert nach Albrecht, D.: Hochstift Freising (wie oben)
Mitterauer, M.: Ledige Mütter. Zur Geschichte illegitimer Geburten in Europa, München 1983

Pfarrbeschreibung Garmisch (1826), Ordinariatsarchiv München
Pfaundler, W.; Köfler, W.: Der Tiroler Freiheitskampf 1809 unter Andreas Hofer, München 1984
Prechtl, J. B.: Chronik der ehemals bischöflich freisingischen Grafschaft Werdenfels in Oberbayern mit ihren drei Untergerichten und Pfarreien Garmisch, Partenkirchen und Mittenwald, Augsburg 1850
Shorter, L.: Social Change and Social Policy in Bavaria, 1800-1860, Diss. Harvard (Cambridge) 1962
Staudinger, K.: Geschichte des kurbayerischen Heeres, Bd. II/1.2, München 1901-1905
Stubenrauch, H.: Die Tiroler im Oberland, in: Lech-Isar-Land 1937, S. 245-249; 276-284

XIII. Eines Bauern Sohn von Au. Epilog:

Bogenrieder, F. X.: Geistlicher Rat J. A. Daisenberger. 150. Geburtstag, in: Loisachbote, 28. Mai 1949
Daisenberger, J. A.: Biografien (wie I.)
Pörnbacher, H.: Joseph Alois Daisenberger als Pfarrer von Oberammergau. Ein Lebensbild, in: Gemeinde Oberammergau (Hrsg.): Joseph Alois Daisenberger kgl. geistl. Rath und Pfarrer von Oberammergau zum 100. Todestag, Oberammergau 1983, S. 9-36
Thoma, L.: Erinnerungen, in: Ausgewählte Werke, Bd. 1, Berlin-Darmstadt-Wien 1960, S. 15-178

Am Ende will ich nicht versäumen, verschiedenen Persönlichkeiten und Helfern meinen Dank auszusprechen. In erster Linie gilt er einem Mann, der nicht mehr am Leben ist: Josef Lutzenberger, dem früheren Mesner von Oberau. Er, ein begeisterter und kritischer Heimatforscher, hat mich auf die Chronik der Familie Daisenberger aufmerksam gemacht. Weiter möchte ich danken Eugen Daisenberger und Eugen Allinger, beide aus Oberau und weitläufig mit den Chronisten verwandt, für ihre nie nachlassende Diskussionsbereitschaft und viele wertvolle Hinweise.

Ein Dank für die Hilfe bei der Beschaffung der Bilder bzw. für die Erlaubnis, sie zu veröffentlichen, geht an Ernst Maria Lang, Anneliese Buchwieser, Hanna Wittig, Frau Schoonderbeek-von Kaulbach, Walter Glas, Martin Schöll und Eugen Daisenberger. Herzlich gedankt sei auch meinem Freund Pater Laurentius Koch OSB für das Beschaffen der Abschrift der Familienchronik.

Worte des besonderen Dankes gehen an das Rosenheimer Verlagshaus für seine spontane Bereitschaft zur Veröffentlichung des Manuskripts. Für die kritische Lektüre meiner Arbeit und die gute Betreuung bin ich dem Lektor des Verlages, Herrn Dr. Dornemann, zu Dank verpflichtet.

Schließlich möchte ich mich ausdrücklich bei meiner Frau Traudl bedanken. Sie hat es nicht nur mit großer Geduld ertragen, daß ich viele Abendstunden und Wochenenden mit der Abfassung des Manuskripts verbracht habe, sie hat mich sogar immer wieder ermutigt, dieses Buch zu schreiben.

2. Auflage

Titel der 1. Auflage:
„Chronik eines Bauernlebens vor zweihundert Jahren"

Satz: Fotosatz Leingärtner, Nabburg
Lithographie: Hochland-Repro, Rosenheim
Druck und Bindung: Graphischer Großbetrieb Pößneck
Printed in Germany

Die Veröffentlichung der Bilder auf den Seiten 19, 26, 34/35, 52 und 86 erfolgte mit Genehmigung des Bayerischen Hauptstaatsarchives München (Plansammlungsnummern 18 704, 6013, 11 115, 5325 und 1347); die der Bilder auf den Seiten 11, 145 und 150 mit Genehmigung des Forschungsinstituts für Kunstgeschichte der Philipps-Universität Marburg (Archiv-Nummern A 779, A 782, unbekannt).
Die Zeichnung auf Seite 60 sowie die Graphiken auf den Seiten 96 und 99 stammen von Annette von Oy.
Das Titelbild ist ein Ausschnitt aus einem Gemälde von Franz v. Defregger, das das Geburtshaus des Künstlers zeigt.

ISBN 3-475-53048-1